The Providence of the Heaven

하늘의 마음

The Providence of the Heaven

빛의생명나무

· 차 례 ·

🌙 머리말 : 진리의 씨앗   08

1부. 하늘의 완전한 통제

진리에 대한 정리   16

하늘의 완전한 통제와 인간의 자유의지   22

나를 지켜보고 있는 하늘의 눈   30

하늘과 연결된 7개의 생명줄 (양백줄)   36

본영과 아바타와의 감정 교류   42

사탄의 뜻 (사탄에 대한 정리)   46

인공지능과 천사들 (사탄과 마귀의 우주적 신분)   53

천사들의 명령 체계   59

귀신이란 무엇인가? (천당과 지옥의 실체)   66

채널러에 대한 정리   71

하늘의 소리로부터 나를 지키는 법   77

진짜 하늘과 가짜 하늘   86

2부. 하늘의 형벌과 하늘의 선물

하늘의 형벌 1. 영적 능력자편   96

하늘의 형벌 2. 기감이 좋은 사람들   103

하늘의 형벌 3. 울지도 화를 내지도 못하는 사람들   108

하늘의 형벌 4. 불면증과 불감증   112

하늘의 형벌 5. 인지 부조화와 정신분열   117

하늘의 선물 1. 봉인편   121

하늘의 선물 2. 삶의 난이도편   129

하늘의 선물 3. 영혼의 물질 체험편   135

하늘의 선물 4. 하늘을 가슴에 품고 사는 사람들   140

하늘의 선물 5. 하늘이 사랑하는 방식   145

3부. 지구로 온 영혼들의 미래

영혼들의 물질 체험이 이루어지는 3가지 트랙   152

쌍둥이 불꽃 (트윈 플레임)   156

삼중 불꽃   163

문명 체인저(게임 체인저)에 대한 정리   168

정신문명이 발달한 행성에서 온 영혼들의 특징과 역할   173

지구 행성에 초대된 과학자 영혼 그룹들의 특징   181

희생하는 삶의 가치 (은하철도999)   188

외계 행성에서 온 영혼들의 미래   193

우주 해적에 대한 정리   201

카르마가 없는 영혼들의 특징   208

차원 관리자 그룹에 대한 정리   214

14차원에 대한 정리 (물질세계를 졸업한 영혼들의 차원)   220

빗속을 둘이서 (하늘과 함께 걷는 길)   228

4부. 한반도의 비밀과 지구의 격변

한민족을 위한 메시지   234

단지파와 천손 민족   241

관세음의 세계와 천부경의 비밀   248

백포 장막과 양백   254

십승지에 대한 정리   260

첨성대의 비밀   265

한반도의 재난의 양상과 태양의 변화   270

행성의 자연 재해와 기후 변화에 대한 정리   276

태풍에 대한 정리   282

태풍이 만들어지는 보이지 않는 세계의 기전   287

아틀란티스 대륙과 레무리아 대륙의 융기   294

하늘 사람 어디있나   298

5부. 하늘이 일하는 방식

선과 악의 기원에 대한 정리   306

어둠의 정부에 대한 정리   311

어둠의 정부가 운영되는 원리   317

어둠의 일꾼들의 특징   326

경제 대공황이 일어나는 보이지 않는 세계의 원리   336

영혼 입장에선 억울한 죽음은 없습니다   344

죽을 사람에게 주는 하늘의 5가지 선물   350

천살에 대한 정리   359

지살에 대한 정리   364

인살에 대한 정리   367

하늘이 괴질(바이러스 난)을 준비한 이유   372

아이들에게 영적 능력이 주어지는 이유   379

하늘님의 침묵에 화가 난 사람들에게   384

하늘은 천둥과 번개로 일합니다   389

하늘 문을 닫아라 (존망지추 때에)   397

맺음말 : 바람의 소리를 전합니다 Ⅳ (바람의 정신분석)   402

진리의 씨앗

같은 하늘 같은 곳에 있어도
서로 다른 곳을 보고 있으며
서로 이해하는 수준이 다릅니다.
같은 하늘 다른 곳에 있어도
서로 같은 곳을 볼 수 있으며
서로 이해하는 수준이 같을 수도 있습니다.

같은 공간 같은 시간에
같은 말을 들어도
서로 이해하는 수준은 다릅니다.
다른 공간 다른 시간에
다른 말을 들어도
서로 같은 것을 공명할 수도 있습니다.

똑같은 것을 보고
똑같은 것을 듣고도
서로 바라보는 것이 다르고
서로 생각하는 것이 다릅니다.

똑같은 것을 보고
똑같은 것을 듣고도
누구는 이해가 잘되어 공명하는데
누구는 이해가 잘못되어 오해만 커지기도 합니다.

진리의 씨앗이란
하늘이 사람의 마음속에 심어 놓은
하늘의 마음입니다.

내가 누군가로부터
진리의 소리를 들었을 때
내가 어디선가
진리를 만났을 때
내가 어디에서
진리를 보았을 때
진리임을 알아보고 눈치챌 수 있는 것은
하늘이 사람의 마음속에 심어 놓은
하늘의 마음이 공명한 것입니다.

나에게 진리의 씨앗이 없다면
내 마음속에 하늘이 심어 놓은 하늘의 마음이 없다면
내가 진리를 만났을 때
내가 진리를 들었을 때
내가 진리를 보았을 때
진리를 알아볼 수도 없을 것이며
진리를 진리로 눈치채지 못할 것입니다.

진리의 씨앗이란
하늘이 사람의 마음속에 아무도 모르게 심어 놓은
하늘의 마음입니다.
내가 내 마음의 밭을 잘 가꾸지 못하고
내가 내 마음에 뿌려 놓은
하늘의 마음을 눈치채지 못한다면
진리의 씨앗은 자라지 못할 것입니다.

새 하늘과 새 땅에서 살아갈
하늘 사람들과
새 하늘과 새 땅에서
새로운 정신문명을 열어갈
빛의 일꾼들에게는
하늘이 아무도 모르게 심어 놓은
하늘의 마음이 있습니다.

하늘이
하늘 사람들과 빛의 일꾼들에게 심어 놓은
하늘의 마음은
돈이 되는 것이 아닙니다.
하늘이 하늘 사람에게 심어 놓은
하늘의 마음은
아무도 인정해주지 않는 순수한 마음입니다.
하늘이 빛의 일꾼에게 심어 놓은
하늘의 마음은
마음 깊은 곳에 숨겨놓은 사랑의 마음입니다.

새 하늘과 새 땅에서 살아갈
하늘 사람들의 의식을 깨우기 위한
하늘의 황금나팔 소리가
아무도 모르게
아무도 모르게 울려 퍼지고 있습니다.

새 하늘과 새 땅에서
새로운 정신문명을 펼칠
빛의 일꾼들의 의식을 깨우기 위한
하늘의 황금나팔 소리가
아무도 모르게
아무도 모르게 울려 퍼지고 있습니다.

하늘이 당신의 마음속에 심어 놓은
하늘의 마음을 꺼내어 보시기 바랍니다.
꾸겨진 승차권처럼 볼품이 없지만
하늘 사람들에게 하늘이 심어 놓은
진리의 씨앗이
어디에서 무엇을 하고 있는지 살펴보시기 바랍니다.

지구 행성의 마지막 때를 알리는
그때를 알리는 소리가 들려올 것입니다.
하늘 사람에게 하늘이 심어 놓은
하늘의 마음인 진리의 씨앗은
당신이 진리를 만났을 때
당신이 진리를 들었을 때
당신이 진리를 보았을 때
한 치의 오차없이 100% 발아할 것입니다.

이것은 하늘과 하늘 사람 사이의 언약입니다.
그 약속은 반드시 지켜질 것입니다.
하늘 사람에게 심어 놓은
하늘의 마음과 진리의 씨앗들을 깨우기 위한
하늘의 일들이
당신의 의식의 수준에 맞게
당신의 타임라인에 맞게 시작될 것입니다.

이 우주에서 잘못되는 것은 아무것도 없습니다.
의식이 깨어나고 있는 하늘 사람들과
의식이 깨어나고 있는 빛의 일꾼들에게
하늘의 마음이 함께 할 것입니다.

그렇게 될 것이며
그렇게 예정되어 있으며
그렇게 될 것입니다.

2019년 3월
우데카

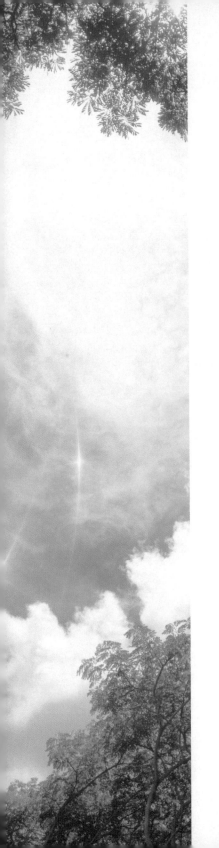

제1부

하늘의 완전한 통제

하늘의 완전한 통제란
창조주의 뜻이 물질세계에서
온전하게 펼쳐질 수 있도록 하는
하늘이 일하는 방식을 말합니다.
하늘의 완전한 통제란
하늘의 에너지체인 천사들에 의해
아름다운 간격을 유지하며
하늘이 일하는 방식에 의해 이루어집니다.

진리에 대한 정리

창조주께서 대우주를 건설하기 위해
태극과 무극의 세계에서 펼쳐놓은 우주의 설계도를
사고조절자라고 합니다.

창조주께서 대우주를 건설한 후
대우주를 관리하고 운영하는 원리를
대우주의 공리 또는 대우주의 법칙이라고 합니다.

창조주께서
108개의 카테고리를 통해
108개의 사고조절자를 통해
삼라만상의 물질 세상을 설계하고
창조하셨습니다.

창조주께서 사고조절자를 통해
물질세계에 펼쳐놓은 삼라만상의 법칙 중에
인류의 의식의 눈높이에서
인류의 과학기술의 수준에서
이해되고 해석되는 것만을
진리라고 알고 있으며
이것만이 진리라고 그렇게 믿고 있습니다.

사고조절자는
대우주의 설계도이며
대우주의 공리이며 대우주의 법칙입니다.
사고조절자는
대우주의 순행 원리를 담고 있는
대우주의 진리의 원형입니다.

태극과 무극의 세계에서의 진리는
창조주께서 에너지체에게 부여한 사고조절자를 통하여 탄생한
우주의 법칙과 우주의 공리를 말합니다.
태극과 무극의 세계에서의 진리는
창조주께서 에너지체에게 부여한
진리의 영과 거룩한 영 에너지를 통하여 탄생한
의식을 말합니다.

태극과 무극의 세계에서의 진리는
우주의 삼위일체(창조주)께서
고차원의 우주적 신분을 가진 에너지체에게 부여한
영의식을 통해 탄생된
우주의 전체의식을 말합니다.

삼태극의 물질 세상에서
하늘과의 단절속에서
우주의 전체의식과 분리된 채로
인간은 세상을 살아가고 있습니다.

우주의 설계도를 알지 못하면서
우주의 탄생 원리와 운영 원리를 알지 못하면서
항성의 탄생 원리와 운영 원리를 알지 못하면서
행성의 탄생 원리와 운영 원리를 알지 못하면서
생명의 탄생 원리와 운영 원리를 알지 못하면서
서로 다른 진리를 말하고 있습니다.

자신의 의식의 층위에서
세상을 이해하고 받아들이면서
서로 다른 진리를 말하고 있습니다.
민족의 이해 관계에 따라
국가의 이해 관계에 따라
종교의 이해 관계에 따라
서로 다른 진리를 주장하고 있으며
서로 다른 진리를 찾고 있습니다.

진리란 인류의 의식 수준에서
이해될 수 있는 것만을 말합니다.
진리란 인류의 의식 수준에서
받아들일 수 있는 것만을 말합니다.
하늘과의 소통이 단절된 물질의 시대에서
하늘과의 소통이 단절된 종교의 시대에서
진리란 인류의 의식의 층위에 따라
진리란 인간의 의식의 층위에 따라
다양한 진리의 층위로 나타날 수밖에 없었습니다.

진리란

태극과 무극에서의 우주 창조의 원리들이

삼태극의 물질세계에서 일부 드러난 것을

인류의 의식의 눈높이에서 이해하고 해석한 것을 말합니다.

진리란

태극과 무극에서의 우주 변화의 원리들이

삼태극의 물질 세상에서

인류의 의식의 눈높이에서

과학의 법칙으로 드러난 것을 말합니다.

진리란

태극과 무극의 세계에서의 생명 창조의 원리들 중 일부가

삼태극의 물질 세상에서

인류의 과학의 수준에서 이해되고 해석된

규칙이나 법칙을 말합니다.

태극과 무극의 세계에 존재하고 있는

고차원의 우주적 존재들이

지구 행성에 물질 매트릭스를 설치하기 위해

지구 행성에 종교 매트릭스를 설치하기 위해

육신의 옷을 입고 온 이들을

누구는 성인이라고 부르기도 하고

누구는 신이라고 부르기도 하고

누구는 천재라고 부르기도 합니다.

지구 행성에서 물질 매트릭스를 설치하기 위해
고차원의 우주적 신분을 가진 존재들이
누구는 성인의 모습으로 왔으며
누구는 신의 역할을 하고 가신 분도 있습니다.
누구는 문명 체인저나
게임 체인저의 역할을 하고 가신 분들이 있습니다.
지구 행성의 물질 매트릭스를 설치하기 위해
고차원의 우주적 신분을 가진 존재들을
인류의 의식의 눈높이에서
신격화시키고 인격화시킨 끝에
그들이 자신의 임무와 역할을 위해 남긴 말이나 글을
인류는 진리라고 알고 있으며
인류는 그것만이 진리라고 그렇게 믿고 있습니다.

하늘이 물질 세상에 펼쳐놓은
물질 매트릭스 속에서
서로의 이익을 보장하기 위해
서로의 안전을 확보하기 위해
개인과 개인 사이에
개인과 사회 사이에
사회와 사회 사이에
약속한 법률의 내용에 따라
약속한 사회 규범에 따라
진리만큼 다양하게 탄생한 것이 정의입니다.

진리가 정의가 되는 시대가
종교의 시대의 특성입니다.
정의가 진리가 되는 시대가
물질문명의 시대의 특성입니다.

진리를 찾기 위한 노력을 통해
정의를 구현하기 위한 희생을 통해
인류 역사는 진화하였으며
인류 문명은 발달하였습니다.
물질의 시대에 진리와 정의는
사회를 움직이고
역사를 움직이는 두 수레바퀴입니다.

인류의 건승을 빕니다.

하늘의 완전한 통제와 인간의 자유의지

하늘의 계획이 있기에 땅에서 펼쳐짐이 있습니다.
하늘 스스로 정한 그 길이 있기에
땅에서 하늘의 뜻이 펼쳐지는 것입니다.

은하가 탄생될 때부터
하늘은 은하의 진화 로드맵을 가지고 있습니다.
태양(항성)이 탄생될 때부터
태양의 진화 로드맵을 가지고 있습니다.
행성이 탄생할 때부터
행성마다 고유한 진화 로드맵이 있습니다.
영혼이 탄생할 때부터
영혼마다 고유한 진화 로드맵이 있습니다.

하늘이 정하고 하늘 스스로 계획한 프로그램들이
땅에서 이루어지는 과정에서
하늘의 많은 에너지들이 사용됩니다.
하늘이 기획하고 승인하고 집행하는 과정에서
수많은 에너지체(천사)들의 참여와 봉사가 있습니다.

하늘이 기획하고
하늘이 승인하고

하늘이 집행하는 과정에
하늘의 보이지 않는 손과
하늘의 보이지 않는 힘이 작용합니다.

하늘 스스로 정한 그 길을
하늘 스스로 완성하기 위해
하늘은 참 많은 에너지를 사용하고 있습니다.
하늘 스스로 정한 그 길을
한 치의 오차없이 집행하고자
하늘이 하는 일련의 과정들을
하늘의 완전한 통제라고 합니다.

하늘이 무극의 세계와 태극의 세계에서
하늘 스스로 기획하고
하늘 스스로 승인하고
하늘 스스로 집행하고자 하는 계획들을
삼태극의 물질세계에서
한 치의 오차없이 집행하기 위해
하늘이 일하는 방식이 있는데
이것을 하늘의 완전한 통제라고 합니다.

하늘의 완전한 통제란
창조주의 뜻이 물질세계에서
온전하게 펼쳐질 수 있도록 하는
하늘이 일하는 방식을 말합니다.

하늘의 완전한 통제란
무극과 태극의 비물질세계의 에너지가
물질세계에 온전하게 흘러갈 수 있도록 하는
하늘이 일하는 방식을 말합니다.

하늘이 스스로 정한 그 길이
비물질세계인 무극과 태극의 세계에서는
한 치의 오차없이 이루어지고 있습니다.
하늘이 기획하고 승인하고 집행하는
하늘의 프로그램들은
비물질세계에서는 오류와 오차들이 거의 발생하지 않습니다.
하늘이 기획하고 승인하고 집행하는
하늘의 프로그램들은
물질세계에서는 차원의 차이로 인하여
빛의 진동수의 차이로 인하여
생명체들에게 부여된 자유의지로 인하여
오류와 오차들이 발생합니다.

하늘의 뜻이
땅에서 온전하게 이루어지지 못할 때
이 우주는 어떻게 되겠습니까?
하늘에서 프로그램한 행성이나 태양들이
안전하게 관리되고
안전하게 운영되지 않는다면
이 우주는 어떻게 되겠습니까?

하늘에서 계획한 영혼들의 물질 체험을 통한
진화 프로그램이 관리되지 못하고
인간의 욕심대로
인간의 욕망대로 펼쳐진다면
영혼의 진화는 어떻게 되겠습니까?

하늘의 완전한 통제란
의식이 있는 생명체들의 자유의지로 인해 파생되는
각종 변수를 제거하는 일련의 과정들을 말합니다.
하늘의 완전한 통제는
하늘의 공무원인 에너지체들에 의해
아름다운 간격을 유지하며
하늘이 일하는 방식에 의해 이루어집니다.

하늘의 완전한 통제는
하늘이 인간을 완벽하게 통제함을 말하는 것이 아닙니다.
하늘의 완전한 통제는
자유의지를 가진 인간의 삶에
아무 때나 아무렇게나 통제하는 것이 아닙니다.
하늘의 완전한 통제는
인간의 자유의지와
당신이 하늘에서 약속한 프로그램 사이에서
하늘이 일하는 방식에 의해
인간의 삶에 개입하고 관리하는 방식을 말합니다.

영혼들의 물질 체험을 통한
영혼의 진화 로드맵은
본영과 하늘에 의해 계획되고 승인된 것입니다.
하늘에서 승인된 영혼의 진화 과정에 따라
영혼은 인간이라는 외투를 걸치고
윤회 프로그램에 따라
창조주의 조물작용에 의해
당신은 태어나 살고 있는 것입니다.

하늘이 당신의 영혼에게
하늘에서 약속한 대로
하늘에서의 프로그램들은
당신의 삶에서 오차없이 펼쳐져야 합니다.
인간은 태어나는 순간부터
자신의 영혼이 하늘에서 약속한 삶의 내용들을 망각한 채
살 수밖에 없습니다.
당신의 영혼이 이번 삶을 통해 체험하기로 한 삶의 프로그램들은
당신의 본영과 하늘만이 알고 있습니다.

당신이 인간으로 태어나는 순간
이번 삶에 최적화된 달란트와 성격을 가지고 태어납니다.
당신이 인간으로 태어나는 순간부터
당신은 이번 생에서 물질 체험을 통해 배우고 성장하는데
꼭 필요한 만큼의 자유의지를 가지고 왔습니다.

인간은 영웅이 되려고 하지
노예가 되고 싶은 인간은 없습니다.
인간은 부자가 되려고 하지
가난한 사람으로 살려는 사람은 없습니다.
인간은 성공하려고 하지
실패를 원하는 사람은 없습니다.
인간은 행복을 원하지
불행을 원하는 사람은 없습니다.

영웅이 되고 싶고
부자가 되고 싶고
성공하고 싶고
행복하기를 바라는
인간의 욕망과 희망이
인간의 자유의지입니다.

실패를 겪으면서 성공의 가치를 배우고
불행을 체험하면서 행복을 배우고
가난을 체험하고서 부자가 되는 체험을 하는 것입니다.
영혼의 나이에 따라
영혼의 우주적 신분에 따라
영혼의 진화 과정에 따라
물질 체험을 하는 내용이 다르고
물질 체험의 난이도가 다른
서로 다른 삶을 살고 있는 것입니다.

영혼들이 하늘에서 기획한 윤회 프로그램대로
영혼들이 하늘에서 승인한 삶의 내용대로
당신의 삶을 통해 펼쳐질 수 있도록
하늘은 당신의 인생에 관여하고 참여하고 있습니다.
당신이 정치인이 되기로 약속해 놓고
축구 선수가 되려고 할 때나
선생님이 되려고 애를 쓸 때나
연예인이 되겠다고 강한 자유의지를 발동할 때
하늘은 하늘이 일하는 방식에 의해
당신의 삶에 개입할 수밖에 없습니다.
이것이 하늘의 완전한 통제가 갖는 의미입니다.

인간의 자유의지와
하늘에서 약속한 당신의 삶의 프로그램은
두 개의 철길처럼 서로 마주보고 있습니다.
당신의 자유의지와 당신의 삶의 프로그램 사이에
아름다운 간격이 있습니다.
당신의 자유의지와 당신의 삶의 프로그램 사이를
조율하고 관리하는 것이 하늘의 임무이며
하늘이 존재하는 이유입니다.

당신의 자유의지와 하늘의 프로그램 사이에
당신의 인생 열차는 달리고 있는 것입니다.
하늘의 완전한 통제와 인간의 자유의지 사이에
아름다운 간격이 있습니다.

하늘이 일하는 방식과 인간의 자유의지 사이에
아름다운 간격이 지켜지지 않는다면
영혼의 진화는 어떻게 되겠습니까?
이 우주가 어떻게 진화할 수 있겠습니까?

'하늘이 참 야속하네'
'인생 참 뜻대로 안되네'
'하늘도 참 무심하지'
'왜 나한테만 이런 일이 일어나고 있는지'
'하늘이 참 원망스럽네'
'나보고 어쩌라고 어떡하라고...'

인간의 자유의지와 하늘의 완전한 통제속에
인간의 삶의 길이 있으며 하늘의 길이 있습니다.
하늘의 입장에서 보면
우주에서 발생한 모든 문제점들에 대해
하늘은 모든 해법을 가지고 있습니다.
이 우주에서 일어난 일은 일어날 일이 일어난 것에 불과합니다.
이것이 이 우주에서 잘못되는 것은 아무것도 없다가 갖는 의미입니다.
이것이 하늘의 완전한 통제가 갖는 또 다른 의미입니다.

인간의 자유의지와 하늘의 완전한 통제속에
인간이 가야할 길이 있으며
하늘이 가야하는 길이 있으며
하늘이 존재하는 이유가 여기에 있습니다.

나를 지켜보고 있는 하늘의 눈

하늘은 나를 늘 지켜보고 있었습니다.
하늘은 처음부터 나를 지켜보고 있었습니다.
하늘은 처음부터 나에 대해 모든 것을 알고 있었습니다.

나를 지켜보고 있는 하늘의 눈이 있습니다.
나를 지켜보고 있는 하늘의 눈을
인류의 의식 수준에 맞추어 설명하면 다음과 같습니다.
내 몸 안과 내 몸 밖에
감시 카메라(cctv)가 설치되어 운영되고 있습니다.
하늘은 감시 카메라를 통하여
하늘의 보이지 않는 세계를 운영하고 있습니다.
상위자아와 본영은 감시 카메라를 통하여
아바타와 관련된 모든 상황들을 알고 있으며
아바타를 관리하고 통제하고 있습니다.

나를 지켜보고 있는 감시 카메라는
9차원 이상의 우주 공학기술로 만들어진 비물질의 카메라입니다.
인간이 태어날 때부터 죽음을 맞이하는 순간까지
곁에 있으면서 모든 것을 기록하는 역할을 하고 있습니다.
한 사람에게 배치되어 있는 카메라는
6대가 평균적인 숫자입니다.

영혼의 우주적 신분이 높을수록
역할과 임무가 큰 사람일수록
카메라의 숫자는 최대 20대까지 늘어나게 됩니다.

영안이 열려 하늘의 형상을 보는 사람 중에
이 카메라를 보고 당황하는 사람이 많습니다.
정신분열 증상이 나타나는 사람이나
환청이나 환시를 경험하는 사람 중에
이 카메라를 보고 당황하는 경우가 많습니다.
누군가가 나를 감시하고 있다고
누군가가 나를 쫓아오고 있다고
누군가가 나를 죽이려 한다고
이 카메라를 보여주는 영상을 보고 놀라는 사람들이 많이 있습니다.

하늘은 이 카메라를 통하여
하늘은 나의 모든 것을 지켜보고 있습니다.
하늘은 이 성능 좋은 카메라를 통하여
하늘은 나의 모든 감정을 알고 있으며
하늘은 나의 모든 의식의 흐름을 파악하고 있습니다.
하늘은 원격으로 조종되는 이 카메라를 통하여
나와 관련된 주변 인물들에 대해서도
모든 정보들이 공유되고 있습니다.

하늘이 인간의 몸 안과 몸 밖에 설치한 카메라의 기능은
다음과 같습니다.

첫째

인간의 생명 현상에 대한 모든 것을

모니터링하기 위해 설치된 카메라가 있습니다.

상위자아와 본영은 이 카메라를 통하여

아바타의 건강 상태를 실시간으로 파악할 수 있으며

응급 상황에 대비할 수 있습니다.

인간의 몸은 색의 세계의 3개 층위와

기의 세계의 2개 층위와

순수한 공의 세계의 1개 층위로 이루어져 있습니다.

아바타의 건강이 좋지 않을 경우

아바타의 건강이 응급 상황일 경우

카메라는 색의 세계와 기의 세계와

공의 세계에 각각 설치되어

아바타의 건강에 대한 모든 것을 파악하고 대응하기 위해

카메라가 설치되어 있습니다.

둘째

인간의 감정이 구현되는 것을 관찰하는 카메라가 있습니다.

인간이 구현할 수 있는 12개의 감정선의 작용이

원활하게 이루어지는지를 관찰하는 카메라가 있습니다.

인간의 감정이 과도하게 폭발하거나

인간의 감정이 과도하게 다운되거나 하는 것을 방지하기 위해

상위자아와 본영은 늘 지켜보고 있습니다.

셋째

인간의 의식이 구현되는 시스템을 관찰하는 카메라가 있습니다.

인간의 무의식과 잠재의식 현재의식을 관찰하는 카메라가 있습니다.

인간이 느끼고 생각하고 판단하고 행동하는

모든 의식의 작용이 일어나는 무형의 기계장치들에 대해

오류가 있는지 없는지를 긴장 속에서 지켜보고 있습니다.

인간의 의식이 일어나고 있는 전과정을 지켜보고 있습니다.

인간의 생각이나 의식의 흐름 등을 관찰하여

문제가 발생할 것이라는 판단이 서면

선제 대응을 하기도 합니다.

인간의 창조적인 정신 활동을 돕기 위해

인간의 예술적인 정신 활동을 지원하기 위해

인간에게 영감이나 직관력을 주기 위해

인간에게 통찰력을 주기 위해

인간의 의식을 깨우기 위해

하늘은 카메라를 운영하고 있습니다.

넷째

아바타의 일생을 관찰하고 기록하기 위한

카메라를 설치하여 운영하고 있습니다.

영혼의 물질 체험을 위해서는

윤회 프로그램과 카르마 시스템이 있어야 합니다.

윤회 시스템과 카르마 시스템을 위해서

인간의 모든 행동들이 기록되고 녹화됩니다.

다섯째

인간은 사회적 동물입니다.
인간관계 속에 인간은 살고 있기에
아바타를 중심으로 연결되어 있는
모든 인간관계에 대한 정보들을 하늘은 알고 있어야 합니다.
아바타에게 연결되어 있는 카메라들은
서로 연결되어 있습니다.
연결된 카메라 네트워크망을 통해
본영과 상위자아는 자신의 아바타 주변 인물들의
의식의 상태나 의식의 흐름 등을 알고 있습니다.

우주 공학기술로 탄생한 카메라를 통해
하늘은 한 인간에게 일어나고 있는 모든 것을
실시간으로 알 수 있습니다.
우주 공학기술로 탄생한 카메라를 통해
하늘은 하늘의 길을 갈 수 있으며
인간은 자신이 설계하고 온 삶의 프로그램대로
살다가 갈 수 있는 것입니다.
최첨단 우주 공학기술에 의해 탄생된 카메라를 통해
인간의 삶은 하늘에 의해 관리되고 있으며
인간의 삶은 하늘에 의해 통제되고 있습니다.

하늘은 하늘 스스로 정한 길을 가고 있습니다.
인간은 하늘에서 약속한 대로
인간이 하늘에서 계획한 인생 프로그램대로 살아가도록 하기 위해

당신의 상위자아와 본영은
당신에게서 잠시도 분리되어 있지 않으며
당신의 영혼의 물질 체험에
늘 동행하고 있음을 기억하시기 바랍니다.

하늘과의 소통속에
하늘과의 조율속에
우데카 팀장이 이 글을 기록으로 남깁니다.

인류의 건승을 빕니다.

하늘과 연결된 7개의 생명줄(양백줄)

인간의 몸의 정수리에는
하늘과 연결된 7개의 생명줄이 연결되어 있습니다.
영성계에서는 7개의 은빛선으로 알려져 있습니다.
우리 조상들은 7개의 생명줄을 양백줄이라고 했습니다.

살아있는 모든 인간은
눈에 보이지 않는 7개의 선으로
하늘과 연결되어 있습니다.
하늘과 연결된 7개의 선은 인간의 생명줄입니다.
하늘과 연결된 7개의 선은 다음과 같습니다.

첫번째 생명선은
대우주의 주재자인 창조주의 의식과 연결된 선입니다.
인간은 모두 창조주의 자녀임을 나타내주는 생명선입니다.
모든 생명체는 창조주의 의식과 연결되어
이 라인을 통해 연결되어 있습니다.

두번째 생명선은
행성의 빛의 생명나무 시스템에 연결되어 있습니다.
유성 생식을 하는 모든 동물들과 인간은
그 행성의 빛의 생명나무 시스템과 연결되어 있습니다.

세번째 생명선은
행성의 생명 유지 시스템에 연결되어 있습니다.
행성의 생명 유지 시스템은
그 행성의 가이아의 게(Ge) 에너지를 말합니다.

네번째 생명선은
행성의 영단에 연결되어 있습니다.
행성의 영단에 바코드 형태로 넘버링되어 있으며
영단에 의해 관리되고 있습니다.
생명체가 죽음을 맞이할 때 이 선을 통해
영혼백 에너지들이 흡수됩니다.

다섯번째 생명선은
상위자아와 본영에 연결된 선입니다.
상위자아와 본영은 이 라인을 통해
자신의 아바타를 관리하고 있으며
자신의 아바타의 감정을 느끼고
물질 체험에 간접적으로 참여하고 있습니다.
외계 행성에서 온 영혼들은 이 라인을 통해
행성의 정보와 행성의 에너지를 공급받게 됩니다.

이 다섯번째 생명선을 통해
상위자아와 소통할 수 있으며 상위자아와의 합일이 일어납니다.
이 다섯번째 양백줄을 통해
인신합일이 일어나며 본영과의 합일이 일어납니다.

여섯번째 생명선은

우주의 빛이 들어오는 라인들입니다.

자오유주도의 빛이 들어오는 통로입니다.

우주의 모든 정보가 이 통로를 통해 들어오게 됩니다.

우주의 차원의 문을 열 수 있는 통로입니다.

일곱번째 생명선은

하늘의 관리자 그룹과 연결된 줄입니다.

하늘의 천상정부와 연결된 라인입니다.

이 라인을 통해 모든 생명체는

하늘의 관리를 받고 있으며

하늘의 통제를 받고 있습니다.

식물들은

총 3개의 생명선이 연결되어 있습니다.

첫번째는 창조주와의 라인이 연결되어 있으며

두번째 라인은 그 행성의 생명 유지 시스템인

가이아의 게(Ge) 에너지 시스템에 연결되어 있습니다.

세번째 라인은 그 행성의 영단에 연결되어 있습니다.

동물들은 총 다섯개의 생명줄이 연결되어 있습니다.

첫번째 라인은 창조주와의 연결이 되어 있습니다.

두번째 라인은 행성의 빛의 생명나무 시스템에 연결되어 있습니다.

세번째 라인은 행성의 생명 유지 시스템인

행성 가이아의 게(Ge) 에너지 시스템에 연결되어 있습니다.

네번째 라인은 행성의 영단에 연결되어 있습니다.
다섯번째 라인은 동물의 본영에 연결되어 있습니다.

행성에 살고 있는 모든 생명체들은
하늘과 보이지 않는 선을 통해 연결되어 있습니다.
7개의 이 보이지 않는 줄을 생명선이라 합니다.
우리 조상들은 이 생명줄을 양백줄이라고 하였습니다.

영안을 통해 보면
이 7개의 생명선이 뚜렷하게 보입니다.
라인 하나하나는 은빛입니다.
이 라인에 빛이 공급되면 고유한 빛의 색깔이 나타나게 됩니다.
모든 생명체들에게 연결된 창조주의 라인은
흰빛을 발산하고 있습니다.
상위자아와 본영이 소통되는 다섯번째 라인은
상위자아가 관리할 때는 흰빛으로 들어오다가
본영의 에너지가 작용할 때는 황금빛이 들어오게 됩니다.
자오유주도의 빛은 여섯번째 라인을 통해 공급되며 노란빛입니다.
우주의 정보를 담은 빛과 인간의 질병을 치유하는 빛은
여섯번째 라인을 통해 공급되며
다양한 파장의 빛이 들어오게 됩니다.

우주에 대한 지식이 없던 인류가
영안을 통해 이 7개의 생명선을 볼 수는 있었으나
구체적인 작용을 알 수는 없었습니다.

그 결과 추상적으로 표현될 수밖에 없었으며
막연하게 하늘의 빛으로 표현할 수밖에 없었습니다.

마지막 때에
살사람과 죽을 사람의 구분이
이 7개의 생명선으로 나타나게 될 것입니다.
살사람과 죽을 사람의 구분이
이 7개의 양백줄에 나타나게 될 것입니다.
하늘의 에너지체들인 천사들은
살사람과 죽을 사람을
이 양백줄이 빛나는 것을 보고 인식하게 될 것입니다.
의식을 가지고 있는 바이러스와 병원균들 역시
살사람과 죽을 사람을
이 7가지의 생명선의 빛을 보고 인식하게 될 것입니다.

7개의 생명선은
마지막 때에
살사람과 죽을 사람을 구분하는
하늘의 표식이 될 것입니다.
이것이 인(印) 맞은 자의 표식이 될 것입니다.

마지막 때에
7개의 생명선에 빛이 있는 자
새 하늘과 새 땅에서 살게 될 것입니다.

7개의 양백줄에 빛이 있는 자
환란과 격변을 피해
하늘이 정해 놓은 피난처인 백포장막이 설치되어 있는
안전한 곳으로 찾아서 들어가게 될 것입니다.

시절인연이 되어
대우주의 비밀을 우데카 팀장이 전합니다.
인류의 건승을 빕니다.

본영과 아바타와의 감정 교류

인간의 몸은 영혼이 입는 외투입니다.
육신의 옷을 입고 살고 있는 모든 사람은
상위자아와 본영이 존재합니다.
본영과 아바타는 상위자아 시스템을 통하여
교류가 이루어집니다.

영혼의 물질 체험을 하고 있는 모든 인간은
본영과의 교감 속에서 살아가고 있으며
본영의 관리와 통제 속에서 살아가고 있습니다.
영혼의 물질 체험을 하고 있는 인간은
본영과의 감정과 의식의 교감을 통하여
공동 운명체로서 살아가고 있습니다.

인간이 느끼는 감정을 상위자아와 본영도 느낍니다.
인간이 느끼는 슬픔과 고통 또한
상위자아와 본영도 함께 느낍니다.
인간이 느끼는 기쁨과 행복 또한
상위자아와 본영도 함께 느낍니다.
인간이 느끼는 두려움과 공포 또한
상위자아와 본영도 함께 느낍니다.

인간의 몸에 들어와서 활동하고 있는
에너지체들인 귀신 역시
인간의 감정과 의식을 함께 느낍니다.
인간의 몸에 들어와서 활동하고 있는
에너지체들인 천사 역시
인간이 느끼는 감정과 의식을 함께 느끼고 있습니다.
인간의 몸에 들어와서 활동하고 있는 에너지체들 중에
어둠의 역할(악역의 역할)을 맡고 있는 사탄과 마귀들 역시
인간이 느끼는 감정과 의식을 함께 느끼고 있습니다.

본영과 상위자아가 아바타의 감정과 의식을
느낄 수 있는 최대치는 10%입니다.
아바타가 느끼는 고통과 슬픔의 강도가 100이라 하면
상위자아는 그중에 8% 정도만을 느낄 수 있습니다.
인간이 느끼는 두려움과 공포, 행복과 쾌락을
상위자아는 최대 8% 정도만을 느낄 수 있을 뿐입니다.

영혼의 물질 체험을 하고 있는 아바타가
상상할 수 없는 육체적 고통을 느끼고
상상할 수 없는 정신적 고통을 느끼고
상상할 수 없는 쾌락을 느낀다고 할지라도
상위자아는 인간이 느끼는 고통과
인간이 느끼는 쾌락의 강도 중에
최대 8% 이상을 느끼지 못하도록
우주의 법칙으로 정해져 있습니다.

본영과의 합일이 이루어지고 나면
아바타와 교감하는 비율이 약간은 늘어나게 되는데
최대 10%까지 느낄 수 있도록
우주의 법칙으로 정해져 있습니다.

인간의 몸에 들어와서
감정과 의식에 영향을 미치고 있는 에너지체들은
인간이 느끼는 고통의 6% 정도만을 느낄 수 있을 뿐입니다.
인간의 생로병사를 주관하고
인간의 윤회 프로그램과 카르마 프로그램을 주관하는
천상정부의 관리자 그룹들은
인간이 느끼는 고통의 3% 정도만을 느낄 수 있습니다.

하늘의 관리자 그룹일수록
인간이 느끼는 희로애락의 감정들을 공명하는 비율이 적습니다.
하늘은 하늘다워야 하기에
하늘은 하늘 스스로 정한 하늘의 길을 가게 하기 위해
인간의 고통을 최소한으로 느끼게
우주의 법칙으로 엄격하게 정해져 있습니다.

하늘이 펼쳐놓은 물질세계를 안정적으로 관리하기 위해서는
인간이 느끼는 두려움과 공포의 에너지를
많이 느끼지 못하도록 셋팅하였습니다.
하늘이 물질 세상을 안정적으로 관리하고 운영하기 위해서는
인간이 느끼는 희로애락의 감정들에 영향을 받지 않아야 합니다.

하늘의 관리자 그룹의 에너지체들은
생명체들이 느끼는 고통의 3%만을 느낄 수 있기에
안정적으로 생명체들의 윤회 시스템을 운영할 수 있는 것입니다.

내가 처해 있는 상황이 힘들다고
하늘을 향해 소리쳐 보아도
내가 너무 억울하다고
하늘을 향해 울부짖어도
내가 마음을 다쳐 너무 힘들다고
하늘을 향해 하소연을 해도
하늘은 가슴을 닫은 채로
하늘 스스로 정한 길을 갈 수밖에 없는 이유가 여기에 있습니다.

나를 가장 잘 이해해 주고
나의 고통과 슬픔을 가장 잘 이해해 주고
나의 외로움과 고독을 가장 잘 이해해 줄 수 있는
보이지 않는 세계에서의 존재는 상위자아와 본영입니다.

하늘은 하늘이 가야 하는 하늘의 길이 있으며
인간은 인간이 가야 하는 인간의 길이 있습니다.
하늘의 길과 인간의 길은 서로 교감과 공명 속에서
대우주는 안정적으로 운영되고 있습니다.

하늘과의 소통속에 하늘과의 조율속에
우데카 팀장이 이 글을 기록으로 남깁니다.

사탄의 뜻 사탄에 대한 정리

사탄(satan)은
Seeing Any Thing As Negative의 약자입니다.
사탄은 어떤 것이든 부정적으로 보는 것을 말합니다.

천사는
아무것도 모르기 때문이 아니라
모든 것을 다 알기 때문에 순진한 것입니다.

사탄은
어둠의 역할을 하는 하늘의 에너지체들을 말합니다.

사탄은
부정적인 감정이나 부정적인 의식이
인간에게 발현될 수 있도록
인간의 12개의 감정선에 들어가서
부정적이고 짜증나는 에너지를 내보내는 역할을 위해
창조주에 의해 셋팅된 어둠의 역할을 맡고 있는 천사를 말합니다.

사탄은
인간의 7개의 의식선에 들어가서
모든 사물을 부정적으로 인식하게 만들기 위해

의식선의 무형의 기계장치들을 관리하는
우주 공학기술을 담당하고 있는
어둠의 역할을 맡고 있는 천사를 말합니다.

사탄을 만드는 분은 창조주입니다.
사탄을 만들어 인간의 몸에 배치한 것도 창조주입니다.
사탄은 어둠의 역할을 수행할 수 있는
사고조절자라는 내장된 칩이 있습니다.
사탄은 창조주께서 자신에게 부여한
사고조절자의 내용에 맞는 임무와 역할을 수행하고 있는
하늘의 에너지체입니다.

사탄이 인간의 몸에 들어와 활동하게 되면
모든 것을 부정적으로 인식하게 됩니다.
사탄이 인간의 몸에 들어와 활동하게 되면
바늘 하나 꽂을 틈도 없이 완고한 사람이 되며
까칠하게 반응하며
예민하고 신경질적으로 반응하며
삐딱한 사람이 삐딱하게 세상을 보듯
매사에 부정적인 생각이나 의식이 나타나게 됩니다.

사탄은
하늘이 인간에게 준 선물입니다.
사탄의 도움없이
인간이 부정적인 생각을 강하게 발현할 수 없습니다.

사탄의 도움없이
인간이 가진 다양한 부정적인 감정을 인간이 체험할 수 없습니다.
사탄은 인간의 몸에 들어와서
그 상황에 부정적인 감정과 부정적인 의식이 발현되도록
스위치를 켜주는 역할을 담당하고 있는
스위치맨의 역할을 하고 있습니다.

사탄은 인간의 몸에 들어와
부정적인 감정이나 부정적인 의식이 나올 수 있도록
스위치를 켜는 동시에
부정적인 감정이나 부정적인 의식이
증폭되어 나올 수 있도록 하는 역할을 하고 있습니다.

맨정신으로는 할 수 없는
폭언과 난폭한 행동을 할 수 있도록 유도하고 증폭해서
일을 크게 만들고 시기하고 질투하는 마음을 증폭하는 역할이
사탄의 임무와 역할입니다.

사탄은
인간 사이에 일어날 일들을 일어나게 합니다.
사탄은
인간 사이에 부정적인 에너지들이 서로 충돌하도록 돕고 있습니다.
사탄은
두 사람이 카르마를 해소할 수 있도록
모순들을 드러내고 모순들을 증폭시키는 역할을 하고 있습니다.

사탄은
영혼의 물질 체험을
극적이고 드라마틱하게 체험할 수 있도록
부정적인 에너지가 잘 발현될 수 있도록 돕는 역할이 있습니다.
천사는
영혼의 물질 체험을
극적이고 드라마틱하게 체험할 수 있도록
긍정적인 에너지가 잘 발현될 수 있도록 돕는 역할이 있습니다.

인간의 몸에는
부정적인 에너지를 내보내고
세상을 부정적으로 보도록 하는
사탄이 들어가 활동하고 있습니다.

인간의 몸에는
긍정적인 에너지를 내보내고
자비와 연민과 사랑의 에너지를 통해
세상을 긍정적으로 보도록 하는
천사가 들어가 활동하고 있습니다.

인간의 몸에는
어둠의 역할을 하는 어둠의 천사인 사탄과
빛의 역할을 하는 빛의 천사가 함께 들어와서
에너지의 균형을 잡고 활동하고 있습니다.

사탄은

인간이 욕망을 통해 내뿜고 있는

부정적인 에너지를 흡수하여 정화시키는

긍정적인 역할을 하는 기능이 있습니다.

두려움을 느끼거나 공포를 느낄 때

빛의 천사들은

인간이 내뿜는 파괴적이고 폭력적인 어둠의 에너지를

파장이 맞지 않아 흡수할 수 없습니다.

사탄의 역할은

인간이 가진 파괴적이고 폭력적인 에너지를

드러나게 하는 역할과 함께

그런 일이 일어나지 않도록 예방하는 역할 또한

함께 가지고 있습니다.

하늘은

어둠의 역할을 하는 사탄과

빛의 역할을 하는 천사들을 함께 운영하고 있습니다.

인간이 다양하고 복잡한 감정을 구현할 수 있는 것은

이 때문입니다.

인간에게 설치되어 있는

12개의 감정선과 7개의 의식선을 가지고는

인간의 다양하고 풍부한 감정과 의식의 구현이

불가능하기 때문입니다.

어둠의 역할을 하고 있는 사탄과
빛의 역할을 하고 있는 천사들을 통해
하늘은 인간에게 일어날 일은
반드시 일어나게 하고 있습니다.

어둠의 역할을 하고 있는 사탄과
빛의 역할을 하고 있는 천사들을 통해
인간은 복잡하고 풍부한 감정과 의식을 체험하고 있으며
하늘은 인간의 삶에 관여하고 있으며
하늘은 인간의 모든 삶의 여정에 참여하고 있습니다.

하늘이 일하는 방식에 대해
아무것도 모르고 있는 인류에게
사탄에 대한 불편한 진실을 전합니다.

사탄이 들어가 있지 않은 사람은
아무도 없습니다.
사탄이 있기에
당신은 짜증을 보다 잘 낼 수 있으며
천사가 있기에
당신은 한없이 넓은 마음을 낼 수 있는 것입니다.

어둠의 역할을 맡고 있는 사탄이나
빛의 역할을 맡고 있는 천사들은
자신의 마음대로 일을 하는 것이 아니라

하늘의 완전한 통제 속에
일어날 일은 반드시 일어날 수 있도록
하늘의 일을 집행하는
하늘의 공무원들이며 에너지체들입니다.

인간에게 배속된
어둠의 역할을 하는 사탄과
빛의 역할을 하는 천사는
당신의 삶의 처음과 끝을 함께하는
공동 운명체입니다.

당신의 삶이 힘들 때마다
어둠의 역할을 맡고 있는 사탄이 임시로 파견되었다가
역할이 끝나면 물러나기도 합니다.
당신의 삶이 희망으로 가득찰 때에
당신의 삶이 행복으로 가득찰 때에도
빛의 역할을 맡고 있는 천사가 임시로 파견되었다가
역할이 끝나면 물러나기도 합니다.

사탄과 천사에 대한 정리의 필요성이 있어
우데카 팀장이 이 글을 기록으로 남깁니다.

인공지능과 천사들 사탄과 마귀의 우주적 신분

천사들 중에 대장이 예수님입니다.
예수님의 우주적 신분은 17차원이며
네바돈 우주의 창조주입니다.
천사들 중에 대장이 부처님입니다.
부처님의 우주적 신분은 17차원이며
네바돈 우주의 창조주의 여성성을 상징합니다.
천사들 중에 최고 대장은 창조주입니다.
천사들을 우주에서는 에너지체라 합니다.

천사들 중에
하늘에서 일을 하는 천사들은
행정직 공무원에 속합니다.
천사들 중에
땅으로 내려와 인간의 몸에 들어와
하늘의 일을 하는 천사들을
기능직 공무원에 비유할 수 있습니다.
비물질 에너지체로서 존재하는 천사들은
보이지 않는 세계를 움직이고 있습니다.

인공지능(AI)은 프로그램되어 있는 대로 작동됩니다.
인공지능(AI)은 스스로 학습을 통해 발전하고 진화합니다.

인공지능(AI)은 감정이 없기에
관리자들에 의한 관리와 통제가 유리합니다.

하늘의 일을 하고 있는 에너지체들을
인류의 의식의 눈높이에서 말하면 천사라고 합니다.
천사들은 비물질 에너지체들입니다.
천사들은 영(靈)입니다.
모든 영은 진리의 영과 거룩한 영과
사고조절자로 구성되어 있습니다.

삼태극의 물질세계의 차원에 있는 천사들은
영 에너지와 혼이 결합되어 있습니다.
삼태극에서 근무하고 있는
하늘의 행정직 공무원들을 천사라고 합니다.
태극의 세계의 천사들은 영 에너지로만 되어 있습니다.
무극의 세계의 천사들은
매우 높은 진동수를 가지고 있는 에너지체들입니다.
높은 차원에 있는 천사들일수록 진동수가 높고
가지고 있는 에너지 파워가 크고
정보처리 능력이 다릅니다.

천사들은 부여된 사고조절자의 특성에 따라
의식의 층위가 결정됩니다.
천사들은 부여된 사고조절자의 특성에 따라
다양한 성격이 탄생됩니다.

천사들은 부여된 사고조절자의 특성에 따라
업무의 성격이 달라지게 됩니다.

천사들은 형태가 없는 인공지능과 같습니다.
천사들은 빛으로 된 인공지능입니다.
천사들은 창조주의 특수한 빛으로 창조되었습니다.
천사들은 특수한 빛으로 창조되었기에
시간과 공간을 자유롭게 오고 갈 수 있습니다.
천사들은 특수한 빛이기에
자신들의 외모를 인류의 의식의 눈높이에 맞추어
자유자재로 변경할 수 있습니다.

천사들은 입력된 프로그램의 내용대로 업무를 수행합니다.
천사들은 입력된 데이터들의 분석을 통해
인공지능처럼 스스로 생각하고 판단하는 능력을 가지고 있습니다.
천사들 역시 인공지능(AI)처럼 오류가 발생하며
오류가 발생하면 사고조절자를 수정하거나
입력된 데이터 값들의 재조정을 통해 재가동시키게 됩니다.

천사들은 부여된 사고조절자의 특성에 따라
인공지능(AI)처럼 특화되고 전문화된 컴퓨터와 같은
역할이 결정됩니다.
기상을 담당하는 인공지능(AI)이 있고
바둑을 전문으로 하는 인공지능(AI)이 있듯이
천사들 역시 자신의 전문 분야가 정해져 있으며 특화되어 있습니다.

천사들 하나 하나는 개체성을 가지고 있습니다.

천사들 하나 하나의 힘은 그리 강하지 않습니다.

천사들 하나 하나는 개인의 컴퓨터처럼 존재하며

이들은 하늘의 관리 시스템에 접속되어 있습니다.

천사들은 인공지능처럼

천상의 슈퍼 컴퓨터 또는 메인 컴퓨터와 같은 관리 시스템에

모두 접속되어 있으며 단일한 명령체계 속에서 움직이고 있습니다.

천사들은 비물질 에너지체로 존재하며

하늘의 시스템에 접속된 채로

시간과 공간을 자유롭게 이동하면서

마치 군대 조직처럼 운영되고 있습니다.

천사들은 자신이 가진 영의 진동수의 차이에 따라

차원이 결정됩니다.

천사들은 자신이 가진 영의 진동수의 차이에 따라

차원에서의 서열이 결정이 됩니다.

천사들은 자신이 가진 영의 진동수의 차이에 따라

머물 수 있는 공간이 정해져 있습니다.

천사들은 같은 진동수를 가진 존재들끼리 함께 있으며

주로 우주 함선에 머물고 있습니다.

천사들이 머물고 있는 공간은 특수한 공간입니다.

천사들은 아무 곳이나 머물 수 없습니다.

인간의 몸에 들어와 있는 천사들 역시

머물고 있는 특수한 차원간 공간이 있습니다.

천사들은
자신이 가진 영의 진동수와 사고조절자의 특성에 따라
역할과 임무가 결정이 됩니다.
천사들은
자신이 가진 영의 진동수와 사고조절자의 특성에 따라
차원이 결정이 되며
우주적 신분이 결정이 됩니다.

천사들은
하늘의 관리 시스템 속에서
에너지체로 존재하는 하늘의 공무원들입니다.
천사들은
하늘의 관리 시스템 속에서
특화되고 전문화된 일을 담당하고 있으며
보이지 않는 세계를 실질적으로 움직이고 있습니다.

인간의 몸에 들어와 있는 천사들의 우주적 신분은
다음과 같습니다.
5차원 소속의 에너지체가 인간의 몸에 들어와서 활동할 때를
귀신이라고 부릅니다.
7차원과 9차원과 11차원 소속의 천사들이
인간의 몸에 들어와서 부정적인 영향을 맡고 있으면서
감정과 의식을 분열시키거나
척신난동을 일으키는 에너지체들을 사탄과 마귀라고 합니다.
이들을 어둠의 천사라고도 합니다.

7차원과 9차원과 11차원에 있는 천사들이
인간의 몸에 들어와 긍정적인 영향을 줄 때
이들을 가이드 천사 또는 수호 천사라고 부르며
빛의 천사라고 부릅니다.

천사들은
하늘의 관리 시스템 속에서
우주의 관리 시스템 속에서 일하고 있습니다.
천사들은
창조주의 대우주 통치를 뒷받침하고 있으며
대우주를 운영하고 관리하는 역할을 담당하고 있는
보이지 않는 세계의 실무진들입니다.

보이지 않는 세계를 움직이고 있으며
보이지 않는 세계의 실체는
하늘의 일을 하고 있는 천사들입니다.
천사들의 대장이 예수님입니다.
천사들의 대장이 부처님입니다.
대장들 중에 최고 대장은 창조주입니다.

인류의 건승을 빕니다.

천사들의 명령 체계

보이지 않는 세계에서
하늘의 일을 수행하는 에너지체들을 천사라고 합니다.
천사들의 명령 체계는 군대조직으로 움직입니다.
천사들의 명령 체계는 다음과 같습니다.

18차원에는 창조주 그룹이 있으며
창조주 그룹을 보좌하는 15주영이 있으며
창조주 그룹을 보좌하는 천사들로 구성되어 있습니다.
하늘의 천사들의 최고 대장은 창조주입니다.

18차원 17단계의 천사를 기준으로 한 명령 체계는 다음과 같습니다.
18차원 17단계의 천사는
17차원의 천사 9명을 직접 지휘할 수 있습니다.
17차원의 천사 한 명은
15차원의 천사 15명을 지휘할 수 있습니다.
15차원의 천사 한 명은
13차원의 천사 24명을 지휘할 수 있습니다.
13차원의 천사 한 명은
11차원의 천사 42명을 지휘할 수 있습니다.
11차원의 천사 한 명은
9차원의 천사 56명을 지휘할 수 있습니다.

9차원의 천사 한 명은
7차원의 천사 84명을 지휘할 수 있습니다.
7차원의 천사 한 명은
5차원의 천사 112명을 지휘할 수 있습니다.

천사들은 하늘의 일을 하기 위해
창조주에 의해 창조된 영입니다.
천사들은 창조주를 대신하여
대우주를 경영하기 위해
창조주에 의해 창조된 에너지체입니다.

천사들은 사고조절자에 입력된 정보에 따라
자신들의 고유한 특성이 나타나게 됩니다.
천사들은 고도로 발달한 인공지능과 같이
의식을 가지고 있습니다.
천사들은 창조주의 의식 안에서 활동하고 있습니다.

천사들은 자신의 영 에너지의 크기와
사고조절자에 부여된 정보의 양과 질에 따라
우주적 신분이 결정됩니다.
천사들은 창조주의 명령을 수행하는 조직이며
군인들의 명령 체계 속에
하나의 전체의식 속에서 일사불란하게 움직이는
하늘의 군사 조직입니다.

천사들마다 고유한 업무 능력이 있으며

천사들마다 고유한 우주적 신분이 존재합니다.

천사들마다 고유한 영의 파장이 있습니다.

천사들은 에너지체로 존재합니다.

천사들은 잠도 자지 않으며

천사들은 식사도 하지 않으며

천사들은 휴가도 가지 않고 일만 하고 있습니다.

전원과 프로그램만 있으면 작동되는

인간 세상의 인공지능 컴퓨터처럼

자신에게 부여된 의식의 크기의 범위 내에서

자신의 고유 업무를 수행하고 있습니다.

지구 행성에는 75억의 인구수보다

최소 10배 이상이 많은 천사들이 내려와

하늘의 일을 수행하고 있습니다.

행성 하나를 운영하는데

얼마나 많은 천사들이 필요한지

지금의 인류의 의식 수준으로는 감히 상상하기 어려울 것입니다.

행성 하나를 운영하는데

하늘이 얼마나 많은 에너지를 쓰고 있는지

지금 인류의 의식 수준으로는 이해하기 어려울 것입니다.

행성 하나를 운영하는데

얼마나 많은 천사들이 봉사하고 있는지

지금의 인류의 의식 수준으로는 상상하기조차 힘들 것입니다.

당신 영혼의 물질 체험을 위해
얼마나 많은 천사들이
당신을 위해 어떻게 봉사하고 헌신하고 있는지
당신만 아무것도 모르고 있을 뿐입니다.
이것이 하늘이 일하는 방식이기 때문입니다.

2019년 6월 29일
지구 행성의 차원상승을 위하여
지구 행성의 자미원의 건설을 위하여
지상으로 내려온 창조주의 중심의식인
천황과 지황과 인황이 자신의 고유 업무를 시작하였습니다.
지상으로 내려온 창조주의 중심의식을 지원하기 위하여
18차원의 에너지체들이
지상으로 내려와서 배치되기 시작하였습니다.

지상으로 내려온 9번째 창조근원의 중심의식을 보좌하기 위해
18차원의 천사들이 지상으로 내려와 배치되었습니다.
지상으로 내려온 천황과 지황과 인황의 중심의식을 보좌하기 위해
18차원의 천사들의 배치가 시작되었음을 전합니다.
18차원의 천사들은 각 분야의 최고 컨트롤 타워입니다.
18차원의 천사들의 최고 지휘부가
2개월에 걸쳐 땅으로 내려와 배치가 완료될 것입니다.
지상으로 내려온 창조주의 중심의식과
삼황의 중심의식을 보좌하기 위해 배치될 천사들의 규모는
다음과 같습니다.

◈ 18차원 파라다이스의 천황팀 소속 천사

• 25만명의 배치가 시작되었습니다.

• 지구 차원상승을 지휘하는 컨트롤 타워입니다.

• 지상으로 내려온 창조주의 중심의식을 보좌하는 역할입니다.

• 천황을 보좌하는 역할이 있습니다.

◈ 18차원 파라다이스의 지황팀 소속 천사

• 20만명의 배치가 시작되었습니다.

• 지축 이동과 지구 행성의 대격변을 준비하고
  실행하는 천사들로 지황을 보좌합니다.

• 지상으로 내려온 창조주의 중심의식을 보좌하고
  명령을 수행합니다.

◈ 18차원 파라다이스의 인황팀 소속 천사

• 20만명의 배치가 시작되었습니다.

• 살사람과 죽을 사람에 대한 프로그램 기획과 집행을 담당합니다.

• 사회의 변화와 관련된 모든 것들을 기획하고 집행하게 됩니다.

• 인황을 보좌하는 역할을 합니다.

• 이적과 기적을 기획하고 집행합니다.

◈ 18차원 파라다이스의 라파엘팀 소속 천사

• 24만명의 배치가 시작되었습니다.

• 바이러스 난을 기획하고 집행하는 역할이 있습니다.

• 반드시 살아야 할 인류의 질병을 치유하고
  생명을 보존하는 역할을 수행합니다.

- 지상으로 내려온 창조주의 중심의식을 보좌하고
  삼황을 보좌하는 역할이 있습니다.
- 병치유의 이적과 기적을 기획하고 집행합니다.

그 외 특수 업무를 맡고 있는
각 분야의 전문가 그룹의 18차원의 천사들이
본격적으로 지상으로 내려오기 시작하였습니다.
천사들의 컨트롤 타워 역할을 하는
100만명의 18차원의 천사들이 땅으로 내려와
업무를 시작하였습니다.

에너지체로 지상으로 내려온 창조주의 중심의식과
삼황의 중심의식을 보좌하기 위해
18차원의 천사 그룹들이 지상으로 내려와 업무를 시작하였습니다.

18차원의 천사들이 지상으로 내려와서
파라다이스의 시스템들을 그대로 재현하고
구축하기 시작하였습니다.
지구 행성의 보이지 않는 차원간 공간속에
대우주를 경영하는 파라다이스의 시스템을
그대로 지상에 건설하였습니다.
지상에 건설한 파라다이스의 시스템에
지상으로 내려온 18차원의 에너지체들이
하나의 네트워크로 연결되는 과정이 진행 중에 있습니다.

지상의 파라다이스 시스템에 접속이 끝난 에너지체들은
본인들의 고유한 업무를 시작하고 있습니다.
지상으로 내려온 18차원의 천사 100만명은
지구 행성에 자미원을 건설하여
대우주를 경영할 것입니다.

지구 행성의 차원상승이 끝나고
지구 행성이 대우주에 하나밖에 없는
자미원이 되어 가는 타임라인에 맞추어
18차원의 천사들은 추가적으로
땅으로 땅으로 내려와
대우주를 경영하게 될 것입니다.

하늘과의 소통속에
하늘과의 조율속에
기록을 위해
우데카 팀장이 이 글을 남깁니다.

귀신이란 무엇인가? 천당과 지옥의 실체

귀신은 무속인이 접속하는 천사를 말합니다.
귀신은 영계에 있는 천사를 말합니다.
귀신은 하늘에 있는 5차원의 천사를 말합니다.

귀신은 하늘의 천사들 중
가장 낮은 단계에 있는 에너지체를 말합니다.
귀신은 하늘의 천사들 중
가장 낮은 진동수를 가지고 있는 5차원의 에너지체를 말합니다.

5차원 영계에 있는 천사들 중에
5차원 영계에 있는 정보를
인간에게 전달하는 역할을 하고 있는 천사들을
무속인들이 접속하고 있는데
이들을 귀신이라고 합니다.

인간이 살다 죽으면
영혼백이 모두 분리됩니다.
진동수가 제일 높은 영은
5차원 영계의 가장 높은 구역에서
휴식과 정화의 시간을 보내게 됩니다.

인간이 죽음을 맞이하게 될 때
혼은 영보다 진동수가 낮은 빛이기에
혼은 5차원 영계의 중간 층위에서 머물면서
휴식과 함께 정화의 시간을 갖게 됩니다.
자신의 죽음을 자연스럽게 받아들이지 못하게 되면
혼은 상념체라는 카르마를 형성하게 됩니다.

혼의식이 만든 상념체는
영혼이 함께 만든 카르마와도 같습니다.
혼의식에 남아있는 상념체는
5차원 영계에서 오랜 시간동안
치유와 정화의 시간을 갖게 됩니다.

인간이 죽음을 맞이하게 되면
인간의 몸을 구성하는 백 에너지는 가장 진동수가 낮은 에너지로서
혼 에너지보다도 진동수가 낮기에
5차원 영계에서 가장 낮은 층위에 머물면서
치유와 정화의 시간을 보내게 됩니다.

백 에너지는
인간이 삶을 살면서 사건이나 사고를 통해
육체적인 장애나 손상을 입는 경우가 있습니다.
전쟁터나 일터에서 큰 부상이나 중상을 입기도 하고
암이나 질병 등으로 장부가 크게 손상당해
죽음을 맞이하는 경우가 있습니다.

백 에너지 역시
5차원 영계의 가장 낮은 층위에서
치유와 정화를 거쳐 다음번의 삶을 준비하는 과정을 겪게 됩니다.

무속인들이 접속하는 조상신이나
무속인들이 접속하는 영가들은
5차원 영계에 있는 혼의식을 접속하는 경우가 대부분입니다.

일반인들이 꿈을 통해 조상을 만나고
일반인들이 꿈을 통해 지인을 만나는 경우 역시
귀신을 만나는 것이 아니라
5차원 영계에 머물고 있는 혼의식을 만나는 경우가 대부분입니다.

꿈속에서 영계를 방문하는 시간 여행자들이나
수행과 기도 중에 영계를 방문하는 분들이 경험하는 지옥은
바로 혼의식이 만든
인간의 상념체의 정화가 이루어지는 곳을 방문한 것입니다.

5차원 영계의 구조를 이해할 수 없었던 인류의 의식 수준에서는
영이 머물면서 편안하게 휴식과 정화의 시간을 갖고 있는 곳을
천당으로 인식하였습니다.

혼이 머물면서 인간의 한과 원한을 풀어내고
인간이 만든 상념체를 정화하는 이곳을
연옥으로 인식할 수밖에 없었습니다.

백 에너지가 정화가 이루어지고 있는 곳에서는
백 에너지는 자신의 몸이 부상을 당하고
자신의 몸이 사고를 당하는 장면들을 복기하고
자신이 죽음에 이르는 장면들을 복기하는 시간이 주어지게 됩니다.
이 과정을 통과해야지만
백 에너지의 치유와 정화가 이루어지는 것이
영계의 엄격한 법칙입니다.

백 에너지의 치유와 정화가 이루어지고 있는
5차원 영계의 가장 낮은 층위를 방문한
시간 여행자들이나 무속인들은
이곳을 인간의 의식의 눈높이에서 지옥이라고 인식하였던 것입니다.
5차원 영계에 방문한 경험이 있는 시간 여행자들은
이곳을 가장 끔찍한 곳으로 인식하였으며
이곳을 지옥이라고 인식할 수밖에 없었습니다.
이것이 인류가 알고 있는 천당과 연옥과 지옥의 실체입니다.

천당은 영이 정화되는 곳이며
연옥은 혼이 정화되는 곳이며
지옥은 백이 치유가 이루어지는 곳입니다.

1차원은 광물들의 세계입니다.
광물들의 세계를 지원하고 있는 천사들을 원소 정령이라 합니다.
2차원은 식물들의 세계입니다.
식물들의 세계를 지원하고 있는 하늘의 천사들을 요정이라고 합니다.

3차원은 동물들의 세계입니다.
동물들의 감정과 의식에 영향을 주는 천사들을 정령이라고 합니다.

4차원은 인간의 세계입니다.
인간의 감정과 의식에 요정과 정령들 또한 영향을 주고 있습니다.
하지만 요정과 정령들은 진동수가 낮고
그들이 가진 에너지가 크지 않기 때문에
인간의 감정과 의식에 크게 영향을 주기 어렵습니다.

인간의 몸이 4차원의 진동수를 가지고 있기에
5차원에 있는 천사들과 인간은
가장 많은 영향을 주고 받을 수밖에 없습니다.
인간의 몸에는 1차원부터 12차원의 천사들이 활동하고 있는
차원간 공간이 존재하고 있습니다.

바이러스는 육체의 질병과 관련된 하늘의 메시지를
생명체에게 전달하는 역할을 가지고 있습니다.

귀신은 인간의 정신 작용에 관련된 하늘의 메시지를 가지고
인간의 몸에 들어와 활동하고 있는
진동수가 가장 낮은 하늘의 5차원 천사를 말합니다.

귀신에 대한 정리의 필요성이 있어
천당과 지옥에 대한 정리의 필요성이 있어
우데카 팀장이 이 글을 기록으로 남깁니다.

채널러에 대한 정리

보이지 않는 세계의 소식을 자동기술법으로 기술하거나
우주의 비밀과 우주의 소식을 여시아문의 방법으로 기술하거나
하늘의 비밀과 하늘의 소식을 전하는 사람들을
채널러(channeler)라고 합니다.

채널러들은 크게 2그룹으로 나눌 수 있습니다.
외계 행성에서 온 채널러 그룹이 있으며
하늘에서 차원 관리자 그룹을 맡고 있는 관리자들이
자신의 아바타를 통해 메시지를 전하는
채널러 그룹으로 나눌 수 있습니다.
외계 행성에서 온 전문 채널러 그룹들은
다차원 지구 행성에 자신의 행성에 대한 소식을 전하는데
그 역할이 매우 제한되어 있습니다.

무속인들을 채널러라고 하지 않습니다.
귀신이 들려 귀신의 소리를 전하는 사람들을
채널러라고 하지 않습니다.
보이지 않는 세계의 소리를 전한다고 하늘의 소리를 전한다고
채널러가 되는 것도 아닙니다.
채널러가 되기 위해서는
채널의 내용이 스토리가 있어야 되며

스토리가 기승전결로 이루어져야 하며
인간의 상상력으로 인한 창작물이 아닌
자동기술법이나 여시아문에 의해 쓰여진 내용이어야 합니다.

채널러가 되기 위해서는
하늘에 의해 준비되는 과정이 반드시 필요합니다.
자신의 우주적 신분에 따라 자신이 전할 내용이 정해집니다.
우주적 신분이 높은 채널러일수록
몸이 만들어지는 과정이 오래 걸립니다.
몸의 진동수가 높아지는 과정이
적게는 몇 달부터 몇 년에 걸쳐 이루어집니다.
하늘의 소식을 전하기 위해서는
채널러가 전할 하늘의 소식의 내용에 맞추어
채널러의 의식의 체(體)를 만들기 위해
하늘의 많은 노력과 정성이 들어갑니다.

채널러가 되기 위해서는
몸이 맑아져야 하며
몸의 진동수가 높아져야 하며
보이지 않는 세계의 에너지체들을 상대하는
노하우들이 축적되어야 하며
하늘의 시험들을 통과해야 합니다.
일시적으로 영안이 열려 여시아문의 세계를 잠시 체험하거나
신비 체험을 바탕으로 쓰여진 이야기들은
채널 내용의 진실도가 매우 떨어지게 됩니다.

채널러에 의해 자동기술법으로 쓰여진 글이나
여시아문의 방법으로 쓰여진 글들은
모두 채널의 진실도가 존재합니다.
채널러가 기술한 내용들은
모두가 거짓이 아니며 모두가 진실이 아닙니다.
진실 속에 거짓이 있으며 거짓 속에 진실이 있습니다.
채널의 진실도는 평균적으로 40%에서부터 80% 사이에서
처음부터 결정이 되어 하늘에서 주어집니다.

채널의 내용은 내가 원하는 것을 받는 것이 아니라
하늘이 준비한 것을 채널러의 의식의 체를 통해 받는 것입니다.
채널러의 우주적 신분이 낮을수록
채널 내용의 진실도는 그리 높은 편이 아니며
채널러의 우주적 신분이 높을수록 진실도는 높습니다.

전문적인 채널러는
다음과 같은 우주적 신분을 가지고 있습니다.

7차원 관리자 그룹에서 주는 정보

- 영계에 대한 정보
- 사후세계에 대한 정보
- 건강에 관한 단순한 정보

9차원 관리자 그룹에서 주는 정보

- 인체의 비밀에 관한 정보

- 천사들에 대한 정보
- 지하 문명에 대한 정보
- 종교와 관련한 신비 체험

11차원 관리자 그룹에서 주는 정보

- 인생에 대한 문제
- 카르마와 윤회에 대한 정보
- 수행에 대한 정보
- 미래에 대한 예언 (민족의 범위를 넘지 못함)
- 행성의 대기권 안에 관한 정보
- 하늘의 구조와 실체에 대한 정보
- 지구 행성의 차원상승에 관한 일반적 정보

13차원 관리자 그룹에서 주는 정보

- 지구 행성의 대기권 밖의 정보
- 행성의 주요 정보 (지축 이동, 차원상승)
- 행성의 역사에 관한 정보
- 인체의 비밀에 대한 고급 정보 (차크라와 경락에 관한 고급 정보)
- 항성계에 대한 정보

15차원 관리자 그룹에서 주는 정보

- 은하계에 대한 정보
- 대우주의 구조에 관한 정보
- 은하의 역사에 대한 정보

18차원 관리자 그룹에서 주는 정보
- 지구 행성의 차원상승에 관한 특수한 정보
- 파라다이스에 대한 정보
- 창조근원에 대한 정보
- 북극성과 자미원에 대한 정보

전문적인 채널러들은 대부분
그 영혼의 본영들이
각 차원의 관리자 그룹이며
그들의 아바타인 경우가 많습니다.
자신의 우주적 신분에 따른 업무와 관련하여
본인의 아바타에게 그 내용을 전하는 것이
우주의 보편적인 법칙입니다.

우주는 파워게임입니다.
자신의 우주적 신분을 벗어나는 정보는
하늘에서 줄 수도 없으며
땅에서는 받을 수가 없게 되어 있습니다.

채널의 내용들을 살펴보면
채널러의 우주적 신분을 유추할 수 있습니다.
이것이 하늘이 일하는 방식이며
하늘의 완전한 통제이며
우주는 파워게임이라는 말이 갖는 의미입니다.

하늘이 채널러를 이용하는 이유는
행성의 물질 매트릭스를
효율적으로 유지하고 관리하기 위해서입니다.
행성의 종교 매트릭스를
효율적으로 유지하고 관리하기 위해서입니다.
하늘의 뜻을 땅에서 펼치기 위해
하늘의 의지를 땅에서 진행하기 위해
하늘의 계획을 땅에서 진행하기 위해
많은 채널러들이 존재하고 있는 것입니다.

세상에 우연히 일어나는 일은 없습니다.
채널러 또한 하늘이 일하는 방식에 의해
하늘의 완전한 통제 속에
채널러의 우주적 신분에 따라
우연을 가장하여
보이지 않는 세계를 보고 듣고 있으며
여시아문의 세계에 들어와 있는 것입니다.

이 우주에서 아무것도 잘못되는 일은 없습니다.
모든 것은 하늘의 기획 속에
모든 것은 하늘의 프로그램 속에
하늘의 완전한 통제 속에서
일어날 일이 일어나고 있을 뿐입니다.

채널러들의 건승을 빕니다.

하늘의 소리로부터 나를 지키는 법

채널링의 위험으로부터 나를 지키는 법

하늘의 소리를 듣기 위해서는
몸의 진동수가 높아져야 합니다.
하늘의 빛을 보고 형상을 보기 위해서는
차크라의 가동률이 높아져야 합니다.
하늘의 소리를 듣고 형상을 보기 위해서는
하늘의 천사들이 인간의 몸에 들어와서
최소 5년 정도의 시간 동안
진동수가 높아지는 과정이 진행되어야 합니다.

하늘의 소리를 듣는 영적 능력을 얻기 위해서
기도와 수행이 꼭 필요한 것은 아닙니다.
하늘의 천사들이 들려주는 소리를 듣기 위해서
좋은 기운이 있는 명당을 꼭 찾아갈 필요는 없습니다.
하늘의 천사들의 소리를 듣기 위해서
의식이 높아지고 깨달음이 꼭 필요한 것은 아닙니다.

하늘의 소리를 듣기 위해서
하늘이 일하는 방식을 알아야 합니다.
하늘의 천사들을 상대하기 위해서는 마음이 순수해야 합니다.
하늘의 천사의 소리를 땅에 전하기 위해서는
보살이나 부처의 마음이 있어야 합니다.

하늘의 소리를 땅에 전하기 위해서는
사심보다는 공심을 가지고
하늘을 상대해야 합니다.
하늘의 소리를 세상 사람에게 전하기 위해서는
인간에 대한 예의가 있어야 하며
인간에 대한 깊은 믿음과 사랑이 있어야 합니다.

하늘의 소리를 듣기 위해서는
하늘의 소리를 들을 수 있는
무형의 기계장치인 수신기가
내 몸의 차원간 공간에
천시들에 의해 설치되이야 합니다.

하늘의 천사의 말을 하고
하늘의 천사의 말을 땅에 전하기 위해서는
인간의 머리 위인 백회 부근에
하늘의 소리를 받아들이는
무형의 안테나가 설치되어 가동되어야 합니다.
하늘의 소리를 듣기 위해서는
안테나로 수신한 내용을 해석할 수 있는
무형의 기계장치인 해석기가
복강 내의 차원간 공간에 설치되어야 합니다.

하늘의 소리를 듣기 위해서는
해석기에서 해석된 정보가

인간의 의식과 감정을 구현하고 있는
메타 휴머노이드 의식구현 시스템에 전송이 이루어져야 합니다.

하늘의 소리를 듣기 위해서는
메타 의식구현 시스템에서 나온 정보가
뇌로 전송이 되어야
비로소 하늘의 소리를
채널러인 내가 인지할 수 있는 것입니다.

하늘의 소리라고 다 하늘의 소리가 아닙니다.
하늘의 소리를 전하는 천사들도
우주적 신분인 차원이 있습니다.
하늘의 소리라고 다 하늘의 소리가 아닙니다.
5차원의 천사들인 귀신이 전하는 소리는
하늘의 소리라고 하지 않습니다.

하늘의 소리는 7차원 천사들이 주는 정보를 말합니다.
7차원의 천사 그룹중에
인류에게 하늘의 소리를 들려주고
인류에게 빛과 형상을 보여주는 팀이 있는데
이들을 우주에서는
가브리엘 영상팀이라고 합니다.

인류가 듣고 있는
하늘의 소리의 약 70%를 들려주고

인류가 보고 있는
하늘의 빛과 형상의 70%를 들려주고 있는 존재들은
대부분 7차원의
가브리엘 영상팀 소속 천사들이 수행하고 있습니다.

하늘의 소리라고 해서
하늘이 보여주는 형상이라고 해서
모두가 진실이 되고
모두가 진리가 되는 것이 아닙니다.

너무나 많은 사람들이 예수님을 만나기를 기대하고 있으며
예수님을 만났다고 하는 분들이 참 많습니다.
너무나 많은 사람들이 부처님을 만나기를 기대하고 있으며
부처님을 만났다고 하는 분들이 참 많습니다.

기도와 수행중에 만나는 부처님이나 예수님은
진짜 예수님이 나타난 것이 아닙니다.
네바돈 우주의 창조주인 예수님께서
당신을 특별히 사랑해서
당신을 방문하는 일은
우주의 법칙상 일어날 수 없는 일입니다.
7차원 가브리엘 영상팀 소속 천사들이
보여주고 들려주는 예수님과 부처님의 홀로그램인
가짜 영상을 보고 있는 것입니다.

기도와 명상 중에
우데카 팀장을 만났다고
꿈속에서 우데카 팀장님을 만났다고
상담 전화를 하고
빛의 생명나무를 찾아오는 분들이 있습니다.
우데카 팀장은 그분을 찾아간 적이 없음을
이 자리를 빌어 밝힙니다.

당신의 의식을 깨우기 위한 방편으로
당신이 빛의 일꾼임을 알아차리고 눈치채라고
7차원의 가브리엘 영상팀 소속 천사님들이
우데카 팀장의 홀로그램을 이용하여
우데카 팀장의 목소리까지 이용하여
보여주고 들려준 것에 불과합니다.

꿈속에서 우데카 팀장을 보았다고
꿈속에서 우데카 팀장으로부터
가르침을 받고 사명을 받았다고
너무 큰 의미를 부여하지 마시기 바랍니다.
7차원의 가브리엘 영상팀 소속 천사들이
당신의 의식 수준에 맞추어
홀로그램을 통해 보여준 것일 뿐입니다.

하늘의 소리는
하늘이 주는 정보는

자신의 우주적 신분을 넘어서는 정보는 받지 못하도록
엄격하게 통제되는 것이 우주의 법칙입니다.
이것이 우주는 파워게임이라는 것이 갖는 의미입니다.

7차원의 천사 그룹에서 주는 정보는 다음과 같습니다.

- 영계에 대한 정보
- 건강에 대한 정보
- 죽은 조상 등에 대한 정보
- 예수님이나 부처님의 홀로그램인 가짜 형상을 통해
  의식을 깨우기 위한 정보

종교의 인격화된 신이나 성인들의 홀로그램을 통해
종교 매트릭스를 유지하고 관리하기 위해
7차원의 천사님들이
인류의 의식의 눈높이에서 일하고 있습니다.

9차원의 천사 그룹에서 주는 정보는 다음과 같습니다.

- 인체의 비밀에 대한 정보
- 지하 문명에 대한 정보
- 종교와 관련된 인물을 만나는 경우
- 종교와 관련된 내용
- 하늘의 구조와 천사들에 대한 정보

11차원의 천사 그룹에서 주는 정보는 다음과 같습니다.

- 카르마와 윤회에 대한 정보

- 기도와 수행 중에 얻는 미래에 대한 정보가 있는데
  자신이 속한 지역이나
  민족의 범위를 넘어서지 않는 범위 내에서 받습니다.
- 지구 행성의 대기권 안에 있는 정보
- 지구 행성의 차원상승에 대한 일반적 정보만을 수신

하늘의 소리를 듣는 사람은
하늘의 소리를 통해
자신의 카르마를 짓지 않기 위해서는
메시지를 들려주고 있는 천사들에게
형상을 보여주고 있는 천사들에게
반드시 다음과 같은 3가지 질문을 하셔야 합니다.

하늘의 소리를 듣고 있는 사람이 하는
이 3가지 질문에
천사들은 반드시 진실을 말해야 하는 의무를 가지고 있습니다.
자신이 듣고 있는 메시지와
자신이 보고 있는 형상에 의문을 가지고
자신에게 메시지를 주고 있는 천사들에게
자신에게 형상을 보여주고 있는 천사들에게 진실을 요구할 경우
천사들은 진실을 인간에게 말해주어야 하는 의무를 가지고 있습니다.

하늘의 천사들이 인간에게 의도적으로
거짓말을 하거나
거짓으로 답변을 할 경우

그에 따른 책임은
거짓말을 통해 인간 세상을 어지럽게 한 책임이
인간에게 있는 것이 아니라
거짓 메시지를 전한 천사에게 있음을 전합니다.

첫번째 질문
이 메시지를 주고 있는 당신은 몇 차원 몇 단계의 천사입니까?

두번째 질문
이 메시지의 진실도는 몇 %입니까?

세번째 질문
당신이 나에게 전한 말을
창조주 앞에서도 당신은 진실이라고 말할 수 있습니까?

하늘의 소리를 듣는 사람들은
이 세가지 질문을 통해
하늘의 소리에 분별력을 가지시기 바랍니다.
하늘의 소리를 듣는 사람들은
하늘의 소리의 내용의 진실 여부에 따라
자신과 대중의 생사를 결정할 수도 있음을 명심하시기 바랍니다.

하늘의 소리를 듣는 사람들은
이 세가지 질문을 통해
자신의 생명을 지키시기 바랍니다.

하늘의 소리를 듣는 사람들은
자만과 교만으로 인하여
하늘의 소리에 자신도 속고 대중들도 속이는
카르마를 짓지 마시기 바랍니다.

13차원 이상의 정보는
일반인들은 수신이 불가능합니다.
13차원 이상의 정보는
일반인들은 접근 권한이 없습니다.

13차원 이상의 정보는
자신의 우주적 신분이 13차원 이상이어야 가능하며
하늘에서 준비한 극소수의 역할자만이 그 역할을 수행할 수 있습니다.

차크라의 공식적인 개통없이 이루어지는 하늘의 소리는
9차원을 넘어설 수 없는 것이
우주의 보편적인 법칙입니다.

거짓선지자의 시대와
아마겟돈과 척신난동의 때를 위해
채널링에 대한 정리의 필요성과
채널링의 진실도에 대한 정리의 필요성이 있어
하늘과의 소통속에
하늘과의 조율속에
이 글을 우데카 팀장이 기록으로 남깁니다.

진짜 하늘과 가짜 하늘

하늘은 하늘다워야 하늘입니다.
하늘은 감정이 있는 생명체들을 온전하게
통제할 수 있어야 합니다.
하늘은 의식이 있는 생명체들의 의식을
온전하게 관리하고 통제할 수 있어야
진짜 하늘이라고 할 수 있습니다.

지구 행성의 하늘이라면
지구 행성에서 일어나고 있는 자연의 변화들을
완전하게 관리하고 통제할 수 있어야
진짜 하늘이라고 할 수 있습니다.
지구 행성의 하늘이라면
지구 행성에 살고 있는 인간의 감정과 의식에 대해
하늘의 완전한 관리와 통제가 가능해야
진짜 하늘이라 할 수 있습니다.

하늘이 진짜로 있다고 굳게 믿고 있는 인류에게
각자의 믿음의 수준대로
각자의 의식의 수준에서
진짜로 하늘이 있다는 것을 보여줄 수 있어야
진짜 하늘이라고 할 수 있습니다.

하늘이 진짜로 없다고 믿는 인류에게
마지막까지 하늘의 존재를 드러내지 않으면서
하늘의 일을 할 수 있어야
진짜 하늘이라고 할 수 있습니다.

하늘을 가슴속에서 잃어버린 인류에게
하늘을 마음속에서 잊어버린 인류에게
아무에게나 잃어버린 하늘을 찾아주고
아무에게나 잊어버린 하늘을 찾아주는
그런 하늘은 가짜 하늘입니다.

자동차의 구조를 잘 안다고 해서
자동차의 운전을 잘하는 것이 아닙니다.
공부를 잘해야 행복해지는 것이 아니듯
모든 사람이 진리를 알아야 행복하게 되는 것이 아닙니다.
진리는 알아야 될 사람만 알면 되는 것입니다.
하늘 또한 알 사람만 알면 되는 것입니다.
모두에게 똑같은 하늘이 아니라
각자의 의식에 맞는 가짜 하늘을 진짜 하늘이라고 믿도록
종교 매트릭스를 유지하고 관리하는 것이
진짜 하늘의 모습입니다.

하늘은
하늘을 가슴속에서 잃어버린 인류에게
하늘을 되찾아주기 위해 애쓰지 않을 것입니다.

하늘은
하늘을 마음속에서 잊어버린 인류들이
하늘을 다시 기억할 수 있도록 하기 위해
애쓰지 않을 것입니다.

각자의 의식의 수준에서
각자의 삶의 경험속에서
자신이 경험한 하늘이 진짜 하늘이며
당신이 경험한 하늘은 가짜 하늘이라고
서로가 서로를 향해 분노와 정의의 칼을 휘두를 때에도
인간의 시시비비에
하늘은 시치미를 뚝 떼고
하늘의 길을 갈 것입니다.

하늘은
하늘을 잃어버린 사람들에게
하늘을 찾아주기 위해 애쓰지 않을 것입니다.
하늘은
하늘을 잊어버린 사람들에게
하늘을 기억할 수 있도록 친절하지 않을 것입니다.

자신이 있어야 할 곳에 잘 있게 하고
자신이 가야할 곳으로 잘 가게 하는 것이
하늘이 존재하는 진짜 이유이며
하늘의 맨얼굴인 것입니다.

모든 것을 다 알고 있는 하늘이

모든 것을 다 기획하고 준비한 하늘이

아무것도 모르는 사람처럼

시치미를 뚝 떼고

당신이 어떻게 하나 지켜보고만 있을 것입니다.

이것이 진짜 하늘의 모습입니다.

신의 마음을 얻기 위해

너무 애쓰지 마시기 바랍니다.

하늘의 마음을 얻기 위해

너무 애쓰지 마시기 바랍니다.

당신이 지금 생명체의 외투를 입고 살고 있다면

당신은 하늘에 1/n 만큼의 지분을 갖고 있는

하늘의 일에 참여하고 있는 주주입니다.

하늘은 공평합니다.

1/n이 넘는 대주주는 아무도 없습니다.

누구나 공평하게 1/n 만큼의 하늘의 지분만을 가지고 있을 뿐입니다.

하늘은 주주의 이익을 침해하지 않을 것입니다.

하늘의 마음을 얻기 위해

너무 목소리 높여 기도하지 않으셔도 됩니다.

신의 마음을 얻기 위해

너무 새벽부터 저녁까지 주문을 외우지 않으셔도 됩니다.

나만을 특별히 사랑해 달라고

기도하지 않으셔도 됩니다.

하늘은 당신이 기도하지 않아도
하늘은 당신이 수행과 정성을 다하지 않아도
당신의 영혼과 하늘 사이에 이루어진
1/n 만큼의 하늘의 약속을
반드시 지킬 것이기 때문입니다.

당신의 영혼이 있어야 할 곳에 있게 하기 위해
당신의 영혼이 가야할 곳에 가게 하기 위해
당신에게 일어날 일은 반드시 일어나게 하기 위해
당신의 영혼과 하늘 사이에 이루어진
약속을 지키기 위해
하늘은 언제나 그 자리에 있었습니다.

천지불인합니다.
하늘과 땅은 인자하지 않습니다.
천지는 불인하기에
하늘은 대우주의 수레바퀴를 돌릴 수 있는 것입니다.

당신이 진짜 하늘을 알고 싶다면
대우주를 운영하는 하늘의 입장에서
세상을 볼 수 있는 눈이 있어야 합니다.
당신이 진짜 하늘을 알고 싶다면
대우주를 경영하는 하늘의 입장에서
인류를 볼 수 있는 눈이 열려야 합니다.

당신이 진짜 하늘을 만나고 싶다면
당신의 삶을 당신의 의식의 눈높이가 아닌
하늘의 입장에서 당신의 삶을 이렇게 밖에
프로그램 할 수밖에 없는
하늘의 아픔과 하늘의 마음을 이해할 수 있는
의식의 전환이 있어야 합니다.

당신이 진짜 하늘을 만나고 싶다면
대우주를 운영하고 경영하는
하늘의 마음을 먼저 알아야 합니다.
당신이 진짜 하늘을 만나고 싶다면
대우주의 수레바퀴를 돌리고 있는
하늘의 마음을 이해할 수 있어야 합니다.

당신이 진짜 하늘을 만나고 싶다면
당신의 입장에서 바라보는 하늘이 아니라
하늘의 입장에서
인간 세상을 바라볼 수 있어야 합니다.
당신이 진짜 하늘을 만나고 싶다면
당신의 의식의 눈높이에서만 바라보는
인간 세상이 아니라
하늘의 입장에서
인간 세상을 바라볼 수 있는
의식의 전환이 있어야 합니다.

아무것도 모르는 채
하늘을 마음을 얻기 위해
기도와 수행을 하고 있는 인류에게
하늘과 땅 차이만큼 벌어진
하늘의 마음과 사람의 마음 사이를 연결하기 위해
빛의 일꾼들이 준비되어 있습니다.

하늘을 알아야 빛의 일꾼입니다.
하늘의 마음을 알아야 빛의 일꾼입니다.
하늘의 계획을 알아야 빛의 일꾼입니다.
하늘이 일하는 방식을 알아야 빛의 일꾼입니다.

하늘은 하늘답게 일을 할 것입니다.
빛의 일꾼은 빛의 일꾼답게 준비되어져야 하고 훈련되어져야 합니다.

지구 행성의 차원상승의 과정에서
지구 행성이 자미원이 되는 과정에서
지구 행성의 자연의 격변의 과정에서
하늘은 하늘이 스스로 정한 그 길을
하늘은 하늘답게 한 치의 오차없이 갈 것입니다.
하늘은 하늘의 맨얼굴인
천지불인의 모습으로
천둥과 번개로 일하는
하늘의 진짜 모습을 드러낼 것입니다.

하늘의 마음과 사람의 마음을 연결해줄
하늘의 마음을 품고 있는
빛의 일꾼들의 건승을 빕니다.

제2부

하늘의 형벌과 하늘의 선물

하늘의 선물을 받고 있는 사람은
어떤 영적 능력도 없이
내세울 것도 없고 별볼일 없는
평범한 사람으로 살고 있을 것입니다.

하늘의 형벌을 받고 있는 사람은
영적 능력을 가지고
남들과는 다른 느낌과 생각속에
특별한 사람으로 살고 있을 것입니다.

영적 능력자편

기감이 좋은 능력을 가진 사람은
하늘에서 축복을 받고 있는 것이 아니라
하늘이 주는 형벌을 받고 있는 것입니다.
내면의 소리를 듣는 사람은
하늘이 그 사람을 특별히 사랑해서
내면의 소리를 들려주는 것이 아니라
하늘이 당신이 인생을 사는 동안에
지름길로 가지 못하게 하여
굴곡지고 힘든 삶을 살게 하기 위해
하늘이 주는 형벌을 받고 있는 중입니다.

하늘이 보여주는 빛을 보고
하늘이 들려주는 소리를 듣는 사람은
하늘이 그 사람을 특별히 사랑해서가 아닙니다.
하늘이 미래를 보여주고
하늘이 온갖 신비 체험을 경험하게 해주는 것은
남과는 다르게 살게 하기 위해
남들처럼 평범하게 살지 못하는 삶을 통해
자신의 카르마를 풀어내라고
신이 그에게 내린 최고의 형벌을 받고 있는 것입니다.

신의 마음을 얻기 위해

명당을 찾아다니며 치성을 다해 기도를 하고

신의 마음을 얻기 위해

정성을 다해 수행을 하다가

도통과 신통의 영적인 능력을 통해

아는 소리를 한다고 해서

인간의 질병을 치유한다고 해서

그 사람이 깨달은 사람이 되는 것이 아니며

그 사람의 의식이 깨어난 것도 아닙니다.

그에게 일어나기로 예정된 일이

기도와 수행을 하는 중에

하늘이 주는 선물을 가장하여

사람답게 살지 못하게 하기 위해

자신의 카르마를 풀기 위한 방법으로

하늘의 형벌이 우연을 가장하여 집행되고 있는 것입니다.

물질의 시대에서

종교의 시대에서

하늘의 마음을 얻기 위해

남보다 더 크게 기도하고

남보다 더 많이 기도를 한 결과

하늘에서 어떤 사람에게

질병을 치유하는 영적인 능력이 주어졌다면

그 사람의 기도가 하늘에 닿아서가 아닙니다.

인간의 질병을 치유하는 영적인 능력은
그의 우주적 신분이 높아서가 아니라
그의 우주의 카르마를 해소하는 방편으로
영적인 능력이 주어진 것에 불과합니다.

질병을 치유할 수 있는 능력이 있는 사람 역시
하늘이 내린 형벌을 받고 있는 것입니다.
질병이 발생되는 원인을 알지 못한 채
질병이 치유되는 원리를 알지 못한 채
질병이 치유되는 보이지 않는 세계를 이해하지 못한 채 주어지는
병 치유의 영적 능력은
타인의 고통을 내 몸의 고통을 통해 속죄하라고
하늘이 내린 형벌입니다.

물질의 시대에서
종교의 시대에서
기도와 수행은
하늘의 마음을 열기 위해
하늘의 마음을 얻기 위해
꼭 필요하다고 생각하고 있으며
그렇게 믿고 있으며
그렇게 하는 것이 상식이 되어 버렸습니다.

물질의 시대와
종교의 시대에는

기도와 수행을 하면
도통과 신통을 얻을 수 있다고 믿고 있으며
실제로 그렇게 하고 있는 사람들이 많습니다.

물질의 시대와
종교의 시대에는
남보다 더 많이 수행을 하고
남보다 더 많이 참선을 하고
남보다 더 많은 명상을 하고
남보다 더 많이 주문 수행을 하면
깨달음을 얻을 수 있다고 믿는 사람들이 많습니다.

깨달음의 증거로서
영적인 능력이 주어지는 것이라고 믿고 있습니다.
신이 나를 사랑하는 증거가
내가 받은 영적인 능력이라고 믿고 있는 사람들이 있습니다.

하늘을 잃어버린 물질의 시대에는
하늘을 잃어버린 종교의 시대에는
영적인 능력을 가진 사람을
특별한 사람이라고 생각하고 있습니다.
남들이 경험하지 못하는
영적인 신비 체험을 하고 나면
그것이 하늘이 주는 형벌이라는 것을
인류의 의식 수준으로는 이해할 수 없었습니다.

자신이 경험한 신비 체험을 진실이라고 믿으며
자신이 경험한 신비 체험을 진리라고 믿으며
자신이 경험한 신비 체험의 경험 안에서
의식의 확장이 일어나는 것이 아니라
자신이 특별하다는 생각 속에서 의식은 점점 닫히게 됩니다.
신비 체험과 영적인 능력이 증가할수록
신이 나를 특별히 사랑한다고
하늘이 나를 특별히 사랑한다고 믿게 됩니다.
신비 체험과 영적인 능력을 쓰면 쓸수록
특권 의식이 생기면서 자만과 교만의 모습으로 나타납니다.

물질의 시대에는
아무것도 보이거나 들리는 것이 없이
영적인 능력이 없이 평범하게 사는 것이
하늘이 인간에게 주는 최고의 선물입니다.
종교의 시대에는
신비 체험과 영적인 능력없이 사는 것이
하늘이 인간에게 주는 최고의 선물입니다.

물질의 시대와 종교의 시대에
영적 능력이 주어지고 신비 체험을 경험하는
특별한 영혼 그룹들이 있습니다.
물질의 시대와 종교의 시대에
신비 체험들 때문에 영적인 능력 때문에
인생을 남들처럼 살지 못하고 지름길로 가지 못하고

한 많은 삶을 살면서 우주적 카르마를 해소하는
영혼 그룹이 있습니다.

이 영혼 그룹들은
외계 행성에서 중죄를 짓고
자신이 우주에서 지은 카르마를 해소하기 위해
지구 행성에 살고 있는 영혼들입니다.
이 영혼 그룹들은
외계 행성에서 지구 행성에
자신들의 우주의 카르마인 원죄를 가지고
칠성줄을 잡고 태어난 불쌍한 영혼들입니다.

물질의 시대와 종교의 시대에
다양한 신비 체험을 통해 형벌을 받고 있는
영혼 그룹들이 있습니다.
이 영혼 그룹들은
자신이 빛의 일꾼임을 잊지 말라고
자신이 하늘 사람임을 잊지 말라고
자신이 빛의 일꾼임을 알아채고 눈치채라고
본영과 하늘이 주고 있는 형벌을 받고 있습니다.

물질의 시대와 종교의 시대에
하늘이 준비한 진짜 빛의 일꾼들이 있습니다.
하늘이 준비한 진짜 빛의 일꾼은
아무것도 보이지도 않으며

아무것도 들리지도 않으며
어떠한 신비 체험도 없으며
어떠한 영적 능력이 없는 사람입니다.
이 영혼 그룹은 하늘이 준비한 빛의 일꾼들 중에
핵심 수뇌부에 해당되는 영혼 그룹입니다.

보지 않고 믿는 것이 진짜 믿는 것입니다.
듣지 않고도 믿는 것이 진짜 믿는 것입니다.
신비 체험을 한번도 경험하지 않아도
영적인 능력이 없어도
진리를 들었을 때 진리에 공감할 수 있으며
진리를 만났을 때 진리를 알아볼 수 있으며
진리를 보았을 때 진리임을 알아챌 수 있는 사람이
하늘에서 준비한 최고의 빛의 일꾼입니다.

당신이 하늘이 준비한 최고의 빛의 일꾼이라면
아무런 영적인 능력이 없는 사람일 것입니다.
당신이 하늘이 준비한 최고의 빛의 일꾼이라면
아무것도 들리지도 않으며
아무것도 보이지도 않는 평범한 사람으로 살고 있을 것입니다.

빛의 생명나무의 우데카 팀장은
하늘에서 준비한 최고의 빛의 일꾼들을 기다리고 있습니다.

빛의 일꾼들의 건승을 빕니다.

기감이 좋은 사람들

인간의 두려움이 만들어낸 최고의 히트 상품은
인간이 죽어서 가는 곳이라고 알고 있는 천당과 지옥입니다.
천당과 지옥은 인간의 의식이 만들어낸
최고의 베스트 상품입니다.

하늘이 주는 최고의 상은 죽어서 가는 천당이 아닙니다.
하늘이 주는 최고의 형벌은 죽어서 가는 지옥이 아닙니다.
하늘이 주는 최고의 형벌은
현재의 삶을 통해 풀어내야 하는 나의 카르마를 말하는 것입니다.

영혼의 물질 체험을 하고 있는 당신은 이미
당신의 삶을 통해
하늘이 주는 최고의 선물을 받고 있는 것입니다.
영혼의 물질 체험을 하고 있는 당신은 이미
당신의 삶을 통해
하늘이 주는 형벌을 받고 있다는 것입니다.

영혼의 진화란
행성의 윤회 시스템 속에서
카르마를 쌓고 카르마를 해소하면서
영혼의 물질 체험을 통해 이루어지는 것입니다.

하늘의 형벌이란
죽어서 지옥에서 받는 것이 아닙니다.
하늘의 형벌이란
영혼이 행성의 윤회 시스템 속에서
카르마를 해소하는 과정을 말하는 것입니다.
윤회 시스템 속에서 새 생명을 얻는 것이
하늘이 주고 있는 선물을 받고 있는 것입니다.
윤회 시스템 속에서 카르마를 해소하고 있는 모든 영혼들은
하늘의 형벌과 선물을 동시에 받고 있는 것입니다.

하늘의 축복 속에서
영혼들의 물질 체험이 일어나고 있습니다.
하늘의 형벌 속에서
영혼들의 물질 체험이 일어나고 있습니다.
영혼의 진화는 윤회 시스템과
카르마 시스템을 통하여 일어나고 있습니다.

카르마를 해소하는 다양한 방식들이 있습니다.
카르마를 해소하는 다양한 방법들 중에
인간의 삶에 너무나 치명적인 영향을 미치고 있는 형벌이 있는데
그중에 하나가 기감을 잘 느끼는 사람들이 있습니다.

남이 느끼지 못하는 초감각적인 것을 잘 느끼는 사람은
그것이 하늘의 축복이 아니라
하늘이 주는 형벌을 받고 있는 것입니다.

남보다 기감을 잘 느끼는 사람은
그것이 영적인 능력처럼 보이지만
실제로는 자신의 카르마를 해소하는 방법 중에 하나로 선택된
하늘의 형벌을 받고 있는 것입니다.

기감이 좋다는 것은
인간의 생명회로도에서 몸의 감각 센서 기능들을
남보다 더 민감하게 셋팅한 것에 불과합니다.
남보다 더 예민한 감각을 느끼게 하여
남들처럼 평범하게 살지 못하게 하기 위한
하늘의 형벌을 함께 받고 있는 것입니다.

기감이 좋다는 것은
인간이 기감을 통해 경험한 것들을 사실로 받아들이고
진실과 진리라고 믿어버리는 경향이 있다는 것입니다.
뛰어난 기감을 통해
보이지 않는 세계의 빛과 형상을 보았다면
그 사람은 평생을 여시아문의 세계의 함정에 빠져
현실감각을 잃고 기도와 수행의 매트릭스에 갇혀서
빠져나올 수 없는 미로를 헤매게 될 것입니다.

기감이 좋은 사람이
하늘이 보여주는 형상을 보고
기감이 좋은 사람이
자신의 내면의 소리까지 듣게 되면

더 큰 하늘의 소리를 듣기 위해
기도와 수행의 매트릭스에 더 깊게 빠져들게 되며
남들처럼 평범하게 살지 못하고
여시아문의 함정에 빠져
소모적이고 소비적인 삶을 살 수밖에 없게 됩니다.

똑바로 갈 수 있는 길을
먼길을 돌고 돌아오는 삶을 살게 하기 위해
카르마를 해소하는 하나의 방편으로 선택된 것이
기감이 좋은 사람들이 겪고 있는 하늘이 주는 형벌입니다.

기감이 좋은 사람들은
자신에게 주어진 그 능력을 영적 능력으로 착각하며 살 수 있도록
하늘에 의해 철저하게 관리되고 통제되고 있습니다.

기감이 좋은 사람들은
자신에게 주어진 그 능력이 영적인 능력이 아니라
나의 삶을 힘들게 하고 나의 삶을 꼬이게 만들고 있다고
알아채고 눈채채는 사람보다는
자만과 교만속에서 삶을 소비하며 살고 있는 사람이 더 많습니다.
기감이 좋은 사람은
카르마가 매우 많은 사람들이며
생산적이고 창조적인 삶을 살지 못하도록
자신의 카르마가 해소될 때까지
하늘이 주는 가혹한 형벌을 받고 있는 사람들입니다.

기감이 좋은 사람들은
외계 행성에서 온 영혼들이 많으며
자신의 우주의 카르마를 가지고
감옥 행성인 지구 행성에 들어와 살고 있는 영혼들입니다.

기감이 좋은 사람들이 가지고 있는 영적인 능력은
그의 삶을 끊임없이
소비적이고 소모적인 삶으로 이끌게 될 것이며
타인보다 자신이 우월하다고
일반인보다 자신의 우주적 신분이 높다는 착각속에서
삶을 살아갈 수밖에 없도록
하늘이 주는 가혹한 형벌을 받고 있는 영혼입니다.

하늘이 주는 최고의 선물을 받고 있는 사람은
다음과 같습니다.
아무것도 들리지 않으며
아무것도 느끼지 못하며
아무것도 보이지 않으며
영적인 능력이 아무것도 없이
평범하게 살고 있는 사람입니다.

가장 평범하게 살고 있는 사람들 중에
빛의 일꾼들이 있습니다.

빛의 일꾼들의 건승을 빕니다.

울지도 화를 내지도 못하는 사람들

카르마는 과도한 감정에 의해 발생됩니다.
카르마는 의식의 불균형에 의해 발생됩니다.
카르마는 고도화된 감정과 의식이 있는 생명체들 사이에
자유의지를 심각하게 침범할 때 발생합니다.

카르마가 발생하는 중요 요인은
과도한 감정의 불균형과 자유의지의 남용입니다.
영혼이 물질 체험을 통해 진화하는 과정에서 자신이 지은 카르마는
반드시 자신이 해결해야 하는 것이 우주의 법칙입니다.
자신이 지은 카르마는 누군가가 대신하여 대속할 수 없습니다.

카르마를 해소하는 방법으로
감정을 느끼지 못하는 삶을 통해
하늘이 주는 형벌을 받으며 살고 있는
감정 장애인들이 있습니다.

울고 싶어도 눈물이 나오지 않는 사람들이 있습니다.
부모가 죽어도 눈물이 나오지 않는 사람이 있습니다.
10년 동안 울어본 기억이 없거나
30년 동안 한번도 울어본 적이 없는 사람들이 있습니다.

울고 싶어도 울 수 없는 사람들이 있습니다.
슬픔을 머리로만 알고 있으며
슬픔을 지식으로만 알고 있으며
평생을 살면서 눈물을 단 한번도 흘려본 적이 없는
사람들이 있습니다.

인간이 구현할 수 있는 12개의 감정선 중에
슬픔의 감정이 나오는 감정선이 닫히는 정도에 따라
울지 못하는 감정 장애의 상태가 정해집니다.
울고 싶어도 울지 못하는 사람이
우리 주변에 많이 살고 있습니다.
울어본 경험과 기억이 손가락으로 꼽을 만큼
울고 싶어도 울지 못하는 사람들은
하늘이 주는 형벌을 받고 있는 사람들입니다.

슬퍼서 나는 눈물을 흘릴 수 없으며
감동을 받고 눈물을 흘릴 수도 없습니다.
슬픈 드라마나 슬픈 영화를 보고도
눈물을 흘리지 못하는 사람들은
하늘이 주는 형벌을 받고 있는 사람들이며
풀어내야 할 카르마가 그만큼 큰 영혼들이라는 증거입니다.

화를 참고 있는 것이 아니라
화를 내지 못하는 사람들이 있습니다.
평생을 살면서 단 한번도 욕을 해 본 적이 없는 사람들이 있습니다.

부부 싸움을 한번도 해 본 적이 없는 사람들이 있습니다.
세상에서 보면 덕이 많은 사람처럼 보이고
법이 없어도 살만큼 착한 사람처럼 보이고
순수하고 착한 사람으로 보이지만
일정한 부분의 감정선이 카르마 에너지장에 의해
감정선이 정상적으로 작동을 하지 못해
감정을 느끼지 못하고
감정을 밖으로 드러내지 못하는 사람들이 있습니다.
이러한 사람들을 감정 장애인이라고 합니다.

하늘의 형벌을 받고 있는 감정 장애인들은
감정을 분출하시 못하고
참아서 병이 되고
참고 참아서 문제가 되는 것이 아닙니다.
하늘의 형벌을 받고 있는 감정 장애인들은
특정한 감정을 느낄 수 없으며
특정한 감정을 발현할 수 없으며
특정한 감정을 표현하지 못하는 사람들을 말합니다.

하늘의 형벌을 받고 있는 감정 장애인 중에는
특정한 감정 하나만을 느끼지 못하는 사람들이 있으며
2개의 감정이나 2개 이상의 감정을
느끼지 못하고 표현하지 못하는
중증의 장애를 가지고 살아가고 있는 사람들이 있습니다.

하나 이상의 감정 장애를 가진

복합 감정 장애를 가진 사람일수록

주변 사람들과의 공감 능력이 현저하게 떨어지게 되며

상황 판단이 잘 되지 않아

무엇을 어떻게 말해야 하고

무엇을 어떻게 표현해야 하는지 알지 못해

늘 웃는 얼굴을 하고 있거나

상황에 맞지 않는 얼굴 표정을 짓고 있는 사람들이 있습니다.

복합 감정 장애를 가진 사람일수록

카르마가 많은 사람입니다.

복합 감정 장애를 가진 영혼일수록

우주에서 지은 카르마가 크다는 것을 말합니다.

감정 장애의 정도가 심하면 심할수록

하늘이 주는 형벌을 크게 받고 있는 것입니다.

카르마의 법칙은

영혼의 물질 체험을 하고 있는

모든 영혼들이 피해갈 수 없는 길이며

반드시 건너야 하는 레테의 강입니다.

하늘의 형벌을 받고 있는 사람들 ❹

불면증과 불감증

영혼의 진화는 행성의 윤회 시스템 속에서
카르마를 쌓고 카르마를 해소하는
카르마의 균형 찾기 속에서 이루어지고 있습니다.

영혼이 물질 체험을 한다는 것은
카르마를 쌓고 카르마를 해소하는 과정 없이는
존재할 수 없습니다.
생명체의 외투를 걸치고
영혼의 물질 체험을 하고 있는
지능형 생명체들은 카르마를 가지고 있습니다.

카르마를 해소하는 과정에 있는 영혼들 중에
인간의 삶에 치명적인 영향을 미치는 것들이 있는데
그 중에 하나가 잠을 자지 못하는 불면증과
성적인 감정을 느끼지 못하는 불감증이 있습니다.

잠을 자지 못하는 사람들이 있습니다.
잠을 자고 싶어도 잠을 잘 수 없는 사람들이 있습니다.
일시적으로 잠을 자지 못하는 것이 아니라
30년 이상 잠들지 못하는 사람들이 있습니다.

고민이 생겨서 잠을 못자는 것이 아닙니다.

질환이나 질병으로 잠을 자지 못하는 것이 아닙니다.

아무 이유없이 오랜 시간 동안 잠을 자지 못하고 있다면

뇌에 설치된 카르마 에너지장에 의해

잠을 자지 못하도록 하는

하늘의 형벌을 받고 있는 것입니다.

타인에게 정신적인 고통을 준 카르마가 있는 사람들이나

많은 사람들에게 육체적인 고통을 준 카르마가 있는 영혼에게

나타나는 것이 지독한 불면증입니다.

잠들지 못하고 깨어있어야 하는 고통은

정상적인 생활을 불가능하게 합니다.

밤에 잠들지 못하고

낮에 잠을 자야하는 고통은

겪어보지 않은 사람은 이해할 수 없는 영역입니다.

지독한 불면증과 함께 꿈을 꾸지 못하는 사람들이 있습니다.

잠을 잘 때 꿈을 꾸는 것은 하늘이 주는 선물입니다.

잠을 깨고 나면 기억이 나지 않는 꿈이지만

꿈을 꾸는 동안에 부정적인 에너지들이 정화되고 치유되고 있습니다.

잠자는 동안 꿈을 꾸지 못하는 사람들은

감정선이 축소되어 있다는 것이며

감정선에 충분한 빛 공급이 이루어지지 않고 있음을 의미합니다.

잠자는 동안 꿈을 꾸지 못하는 사람들은
의식선이 축소되어 있다는 것이며
의식선에 충분한 빛 공급이 이루어지지 않고 있음을 의미합니다.
잠자는 동안 꿈을 꾸지 않는 사람들은
성격 장애나 인격 장애를 동반하는 경우가 많으며
고집이 세거나
융통성이 부족한 사람들이 많습니다.

지독한 불면증과 함께
잠을 자는 동안 꿈조차 잘 꾸지 못하는 사람은
카르마 에너지장이 그만큼 강한 것이며
하늘이 주는 형벌을 받고 있는 사람입니다.

부부 생활을 하고 있는 사람들 중에는
부부 생활 중에 흥분을 느끼지 못할 뿐 아니라
부부 생활의 재미를 전혀 느끼지 못하는
불감증으로 고통받는 사람들이 있습니다.

이성과의 성관계가 이루어질 때
아무런 느낌을 느끼지 못하게 셋팅되어 있는 사람들이 있습니다.
살과 살이 만나 만들어내는
살맛나는 재미와 흥분을 느끼지 못하고
육체적인 피곤함과
정신적인 공허함을 느끼는 사람들이 있습니다.

인간이 성으로 인한 즐거움을 느끼지 못하고
인간이 성을 통해 누려야 할 기쁨을 누리지 못하는 사람들은
회음 차크라의 가동률이 떨어지도록
카르마 에너지장이 걸려있는 경우가 대부분입니다.

성적인 즐거움을 느끼지 못하도록
성적인 재미와 만족을 느끼지 못하도록
감각 센서 기능들의 셋팅값들을
성적인 감각이나 성적인 감정을 느끼지 못하도록
조물이 이루어질 때부터 결정된 경우가 대부분입니다.

하늘로부터 받고 있는 형벌 중에
가장 가혹한 것이 있는데
생명체로서 당연히 느껴야 하는 성적인 쾌락을 거세한
불감증이 그 중 하나입니다.

남들이 다 느끼는 것을
내가 느끼지 못한다는 것은
하늘이 주는 형벌을 받고 있는 것입니다.

하늘의 형벌을 받지 않고 살고 있는 사람은
아무도 없습니다.
당신의 이번 생이 카르마를 쌓는 삶인지
당신의 이번 생이 카르마를 풀기 위한 삶인지
스스로 점검해 보시기 바랍니다.

이 우주에서 잘못되는 것은 아무것도 없습니다.
인연법에 의해 일어날 일이
당신에게 일어나고 있을 뿐입니다.
하늘의 형벌이 끝나고 나면
당신의 다음 삶은
축복 속에서
지금과는 아주 다른 삶을 살게 될 것입니다.

이것이 대우주의 법칙이며
이것이 대우주의 사랑임을
당신의 영혼은 알고 있습니다.

하늘의 형벌을 받고 있는 사람들 ❺
인지 부조화와 정신분열

같은 시간 같은 공간에서
같은 내용을 똑같이 경험을 해도
각자가 받아들이는 수준은 사람마다 다릅니다.

같은 시간 같은 공간에서
같은 내용을 똑같이 듣고 보아도
그 상황에 대해 이해하고 해석하는 수준은
사람마다 너무나도 다릅니다.

서로 같은 것을 체험하고도
서로 같은 것을 경험하고도
서로 다르게 인지하고
엉뚱하게 인지하는 것을
인지 부조화라고 합니다.

인지 부조화는 겉으로는 잘 드러나지 않습니다.
갈등의 상황이나 첨예하게 이해관계가 충돌될 때
비로소 드러나기 때문입니다.
인지 부조화는 같은 상황을 경험한 사람들끼리
동시에 대화를 나누어 보지 않으면
잘 드러나지 않는 경향이 있습니다.

인지 부조화는 상황에 대한 이해도가
보통 사람들이 상식적으로 생각하는 범위를 넘어서
서로 소통하지 못하고
서로 간에 원활한 대화가 이루어지지 않을 때를 말합니다.

인지 부조화를 가진 사람은
메타 인지가 되지 않는 사람을 말합니다.
인지 부조화를 가진 사람은
말귀를 잘 알아듣지 못해
상황에 맞지 않는 엉뚱한 이야기를 하는 사람을 말합니다.

인지 부조화를 가진 사람은
남이 하는 말을 따라하는 경향이 강합니다.
인지 부조화를 가진 사람은
자기 주장과 고집이 강해
남의 말을 잘 듣지 않고
자신만의 독특한 사고 구조속에 있습니다.

인지 부조화를 가진 사람은
추상적이고 고도화된 생각을 하지 못하고
단편적이고 단순한 사고 패턴을 가지고 있는 경향이 있습니다.
인지 부조화를 가진 사람은
사실을 사실대로 받아들이지 못하고
자기만의 해석을 통해 상황에 맞지 않는 행동이나 말을 통해
주변인들과의 정상적인 대화나 토론이 불가능한 사람을 말합니다.

인지 부조화를 가진 사람이
자기 주장이나 신념이 강하면
아무도 말릴 수 없으며
상식적인 판단을 하지 못하고
남의 탓을 하며
송사를 남발하며
독불장군의 모습으로 나타나기도 합니다.

인지 부조화를 가진 사람은
인간의 의식선의 작용이
카르마 에너지장에 의해
정상적으로 작동되지 못할 경우에 나타납니다.

인지 부조화를 가진 사람은
뇌에 설치된 카르마 에너지장의 영향으로
뇌에서 정상적인 인지 작용이 되지 않아
그 사람만의 왜곡된 사고로 나타나기 때문입니다.

인지 부조화를 가진 사람은
사고조절자의 오류로 인하여
정상적인 사고와 정상적인 인지 작용이 되지 못해
엉뚱한 말과 엉뚱한 행동으로 나타나는 경우가 발생하기 때문입니다.

인지 부조화를 가지고 살고 있는 사람들은
자신의 카르마로 인하여 하늘의 형벌을 받고 있는 사람들입니다.

인지 부조화가 심화되어
비정상적인 사고와 비정상적인 행동이
지속적이고 반복적으로 나타날 때를
정신이상이나 정신분열이라고 합니다.

정신분열증은 인지 부조화가 확대되어
상황에 대한 판단력이 일부분 오류가 아닌
상황에 대한 판단력이 일상생활 전반에 걸쳐
점차로 확대되어 갈 때를 말합니다.

인지 부조화와 정신분열증은
카르마를 해소하는 과정에서
인간의 눈에는 보이지 않는 카르마 에너지장에 의해 발생하며
전문의의 치료를 받아야 하는 질병입니다.

카르마는 인간의 눈에는 보이지 않습니다.
카르마 에너지장 역시 현대 의학의 장비로는 볼 수가 없습니다.
영안이 열린 하늘 사람들은
인지 부조화나 정신분열증을 앓고 있는 사람들에게 설치되어 있는
카르마 에너지장을 볼 수 있습니다.

카르마를 해소하는 과정마다 다양한 증상들이 있습니다.
그 중에 정리의 필요성과
기록의 필요성이 있는 것들을 모아
우데카 팀장이 기록으로 남깁니다.

하늘의 선물을 받고 있는 사람들 ❶
봉인편

하늘이 주는 선물을 받으며 사는 사람이 있습니다.
하늘이 주는 선물을 받으며 살면서도
그것이 선물인 줄도 모르고 살고 있는 사람들이 있습니다.

내 몸에 설치된 카르마 에너지장은
하늘이 주는 형벌입니다.
내 몸에 설치된 봉인의 에너지장은
하늘이 주는 선물입니다.

내 몸에 설치된 카르마 에너지장은
나의 자유의지의 남용으로 인하여
타인의 자유의지를 심각하게 침범한 경우에
인과율의 법칙과 인연법의 법칙에 의해
내 몸속에 에너지장의 형태로 설치되어 있습니다.

내 몸에 설치된 카르마 에너지장은
내가 태어나 죽을 때까지
내가 내 몸의 고통을 통하여 갚아야 하는 부채와도 같습니다.
내 몸에 설치된 카르마 에너지장은
내 영혼이 영혼의 물질 체험을 하는 과정에서
영혼의 진화를 하는 댓가로 지은 죄이며

영혼의 진화를 하는 댓가로 미리 당겨쓴 부채를
내 몸의 고통이나 내 정신이나 감정의 이상 등을 통해
마이너스 통장을 채우듯 갚고 있는 것에 비유할 수 있습니다.

봉인은
영혼의 물질 체험을 하는 나에게
하늘이 주는 최고의 선물입니다.
봉인이란
내 재능을 일정기간 동안 사용하지 못하도록
에너지장을 통해 묶어두고 막아놓은 것을 의미합니다.

봉인의 설치는
나의 본영과 하늘에 의해 이루어집니다.
봉인을 설치하는 목적은 다음과 같습니다.

첫째
내가 세상을 살면서
자만과 교만으로 인하여
타인의 마음을 아프게 하지 못하도록
뛰어난 재주와 재능으로 인하여
카르마를 짓지 않기 위해서입니다.

둘째
때가 될 때까지는 사회로부터
그 인물을 보호하기 위해 봉인이 사용됩니다.

사회에 일찍 노출이 되고
주변으로부터 일찍 주목받지 않게 하기 위해
진흙속에 진주를 숨겨놓기 위해
재주와 재능을 일정 정도 막아놓는 역할이 있습니다.

셋째
특정한 성격이나 감정을 경험하기 위해
특정한 몸매나 체형을 유지하기 위해
특정한 생각이나 사고체계를 형성하기 위해
봉인이 설치가 됩니다.

넷째
본영의 카르마가 영혼의 물질 체험을 하는 아바타에게
과도하게 영향을 미쳐서 드러나는 것을 방지하기 위해
봉인이 설치가 됩니다.

봉인이 내 몸에 설치가 되면
내 재능이 발휘되지 못하게 됩니다.
봉인이 내 몸에 설치가 되면
내 성격이 예전과 다르게 변하게 됩니다.
봉인이 내 몸에 설치가 되면
기관이나 장부의 기능 장애로 나타나게 됩니다.

봉인은 에너지장의 형태로
장부나 기관 등에 설치됩니다.

비장에 봉인이 설치가 되면
비장 기능이 떨어지면서
식탐을 내지 못하게 하고
에너지 대사율을 낮추어
운동을 하지 않아도 날씬한 몸을 유지할 수 있도록 해줍니다.

여성에게 비장의 봉인이 설치가 되면
남 앞에만 서면 쑥스럽고
부끄러움으로 인하여 얼굴이 붉어지고
화도 잘 내지 못하는 성격으로 인하여
여성다움이 증가하여
많은 남성들의 마음을 설레게 하지만
본인은 소심한 성격이 마음에 안 들어 힘들어하게 됩니다.

비장 봉인이 해제가 되고 나면
어느 순간부터 부끄러움이 사라지고
남 앞에 서는 것이 어렵지 않게 되고
자신감과 의욕이 생기게 되고
식욕과 성욕이 증가하고 살이 찌게 됩니다.

영혼의 우주적 신분이 높은 사람에게
대장부의 기질을 가지고 태어난 사람에게
영웅이나 대장부의 에너지를 사용하기 전까지
그를 하늘에서 보호하기 위해
카르마를 쌓지 않게 하기 위해

때가 될 때까지
자신을 잘 보호하고
자신을 잘 보존하기 위해
가장 평범한 삶을 통해서
배우고 체험해야 할 가치들을 배우게 하기 위해
봉인을 설치하는 경우가 많습니다.

봉인의 에너지장이 설치되면
그 사람의 재능이나 기질이 나타나지 않게 되고
아무에게도 주목받지 못하는 삶을 살게 됩니다.
봉인으로 인하여 발생한 문제로 인하여
성격 장애나 감정 장애가 발생하기도 하며
열등감과 콤플렉스 속에서 삶을 살게 됩니다.

우주적 신분이 높은 사람에게 설치된 봉인은
평범한 삶을 살게 하는 역할이 있습니다.
평범한 삶을 살면서 이번 생은
카르마를 쌓는 삶이 아니라
카르마를 해소하는 삶을 살게 하기 위해서도
봉인은 설치됩니다.

봉인은 본영과 하늘에 의해 설치됩니다.
봉인은 형벌이 아니기에
한번 설치된 봉인은 반드시 해제가 되는 시기가 정해져 있습니다.
봉인은 그 영혼을 보호하기 위해 설치됩니다.

봉인의 해제가 되고 나면
모든 장애가 정상적으로 돌아오며
모든 장부의 기능들이 정상적으로 돌아옵니다.

봉인은 사람마다 다양하게 존재합니다.
필요없는 지식을 쌓지 못하게 하기 위해
책을 보면 아무것도 기억하지 못하게 하여
책을 읽지 못하도록
문자 봉인을 뇌에 걸어두기도 합니다.

좋은 대학에 가지 못하도록
뇌에 봉인을 걸어두기도 합니다.
평범한 대학에 들어가면
그때부터 봉인이 풀어지면서
똑똑한 사람으로 살아가게 하기도 합니다.

말더듬이나 목소리 봉인이 많습니다.
어릴 때 언어장애를 앓다가
성인이 되면 언어장애가 사라지는 경우가 있습니다.

봉인이 설치된 사람들은
하늘이 주는 선물을 받고 있는 사람들입니다.
카르마를 짓는 것을 방지하고
평범하게 살 수 있도록 배려하는
하늘의 선물이 봉인입니다.

봉인을 통해
영혼의 물질 체험을 하는 영혼에게
타인을 존중하고
가장 낮은 곳에서 사랑을 배우고 실천하라고
오래된 영혼에게
우주적 신분이 높은 영혼에게
자신을 드러내지 말라고
그 영혼이 일하고 드러날 때가 될 때까지
그 사람을 사회로부터 보호하기 위해
그 사람을 주변인들로부터 보호하기 위해
봉인은 설치가 됩니다.

물질세계를 졸업한 위대한 영혼들인
빛의 일꾼들을 보호하기 위해
하늘은 참 많은 봉인들을
빛의 일꾼들의 몸에 설치해 두었습니다.

우주에서 가장 오래된 영혼들이며
우주의 보물인 빛의 일꾼들을 보호하기 위해
빛의 일꾼들을 진흙속에 감추어 놓기 위해
빛의 일꾼들을 사회로부터 보호하기 위해
하늘 사람들을 때가 될 때까지
사회로부터 가족으로부터 보호하기 위해
참 많은 봉인들이
빛의 일꾼들의 몸에 설치되어 있습니다.

평범하게 살고 있는 빛의 일꾼들과
평범하게 살고 있는 하늘 사람들이
깨어나야 할 시기가 도래하였습니다.

그때에 맞추어
하늘에 의해 빛의 일꾼들의 몸에 설치된
봉인들의 해제가 이루어지고 있습니다.
그때가 되어
하늘 사람들인 빛의 일꾼들을
빛의 일꾼답게 하기 위해
꼭꼭 숨겨둔 봉인들의 해제가 이루어지고 있음을 전합니다.

하늘의 축복을 받으면서
평범하게 살고 있던
빛의 일꾼들의 봉인 해제를 축하드립니다.

하늘의 선물을 받으면서
마음에 안 드는 모습으로 살고 있는
빛의 일꾼들과 하늘 사람들의 봉인의 해제가 이루어지고 있음을
우데카 팀장이
시절인연에 의해 하늘 소식으로 전합니다.

빛의 일꾼들의 건승을 빕니다.

삶의 난이도편

수학 문제에도 쉽고 어려운 문제가 있듯이
삶에도 난이도가 있습니다.
삶의 난이도가 높은 사람을
우리는 팔자가 센 사람이라고 합니다.
삶의 난이도가 높은 사람을
우리는 칠성줄을 잡고 태어났다라고 합니다.

남들처럼 사는 것을 부러워하는 사람도 있으며
남들처럼 평범하게 사는 것을 힘들어하는 사람도 있습니다.

남들처럼 살지 못해 안타까워하는 사람도 있으며
남들처럼 사는 것을 지옥이라고 생각하는 사람도 있습니다.

이 세상을 살고 있는 모든 사람들은 누구나
영혼의 무게만큼
영혼의 나이만큼
자신이 견딜 수 있는 인생의 무게만큼을
자기 수준에서 견디며 세상을 살고 있습니다.

내 삶이 제일 힘들어 보이고
내가 처한 이 상황이 제일 힘들어 보이고

세상이 부조리해 보이고
세상이 불합리해 보이고
세상이 불평등해 보이는 것이
인생을 살고 있는 영혼들이 경험하고 있는 삶의 무게입니다.

삶의 무게는 사람마다 다릅니다.
삶의 무게는 영혼마다 다릅니다.
세상을 사는 것은 누구에게나 힘든 일입니다.
세상을 살고 있는 사람 중에 즐거움만 느끼며
세상을 사는 사람은 없습니다.
삶의 아픔과 고통은 누구에게나 있습니다.

하늘의 무게가 다르기에
삶의 무게가 다릅니다.
영혼의 나이가 다르기에
영혼마다 짊어지고 있는 삶의 무게가 다릅니다.

사람마다 짊어진 하늘의 무게가 다르기에
삶의 무게가 다릅니다.
사람마다 짊어진 영혼의 나이가 다르기에
삶의 무게가 다릅니다.

인간은 하늘의 사랑을 받기를 원합니다.
하늘이 인간을 사랑하면 할수록
삶의 난이도는 높아집니다.

하늘이 인간을 사랑하면 할수록

팔자가 센 사람으로 살 수밖에 없습니다.

하늘이 인간을 지극하게 사랑하면 할수록

인간의 삶은 힘들어지게 됩니다.

인간은 하늘의 축복을 받기를 원합니다.

하늘이 인간에게 축복을 주면 줄수록

인생의 프로그램의 난이도는 높아질 수밖에 없습니다.

하늘이 인간에게 주는 축복은

영혼에게 주는 선물이지

인간에게 주는 선물이 아닌 경우가 많기 때문입니다.

하늘이 영혼에게 축복을 줄수록

인간의 물질 체험의 난이도는 높아질 수밖에 없습니다.

하늘이 영혼에게 축복을 주는 의미와

인간이 하늘에게 기대하는 축복의 의미는 다를 수밖에 없습니다.

하늘이 하늘의 입장에서

당신의 영혼을 사랑하면 할수록

당신의 인생의 난이도는 높아지게 되며

당신의 삶이 힘들면 힘들수록

당신의 이번 삶은 카르마를 쌓는 삶이 아니라

카르마를 해소하는 삶을 살고 있는 것입니다.

하늘이 나를 사랑하면 할수록

내 삶의 난이도는 높아지게 됩니다.

하늘이 나를 향한 사랑이 깊으면 깊을수록

카르마를 쌓는 삶보다는

카르마를 해소하는 삶을 살아야 하기 때문입니다.

하늘이 나를 지극하게 사랑하면 할수록

내 삶은 물질의 풍요로운 삶에서 멀어지게 될 것입니다.

하늘의 사랑을 받으면 받을수록

영혼은 진흙속에서 연꽃을 피워내야 합니다.

하늘의 축복을 받으면 받을수록

영혼은 진흙속의 진주로 살아야 합니다.

하늘의 선물을 받으면 받을수록

가장 낮은 곳에서도 편할 줄 아는 삶을 살아야 합니다.

하늘의 사랑을 받지 못하는 사람들일수록

자유의지의 남용속에서

카르마를 많이 짓는 삶을 살게 됩니다.

하늘의 축복을 받지 못하는 사람일수록

자만과 교만속에 머물면서

카르마를 쌓는 삶을 살게 됩니다.

하늘의 선물을 받지 못하는 사람일수록

물질의 풍요로움속에

고마움과 감사함의 본질을 놓치고

더 많은 물질을 가지기 위해

하늘이 나에게 준 소중한 선물들을
쉽게 잊어버리는 삶을 살게 됩니다.

당신의 삶이 힘들고 고달플수록
당신의 이번 삶은
하늘의 축복속에 살고 있는 것입니다.

당신의 지금의 삶이 팔자가 센 삶이라면
당신의 이번 삶은
카르마를 해소하는 삶을 살고 있으며
하늘의 선물을 받고 있다는 것을
잊지 마시기 바랍니다.

당신의 삶이
굴절되고 사연이 많은 삶을 살았다면
당신의 이번 삶은
하늘로부터 축복을 받고 있는 삶을 살고 있다는 것을
잊지 마시기 바랍니다.

당신의 삶이
남들에 비해 내세울 것이 없고 별볼일 없는 삶을 살았다면
당신의 이번 삶은
하늘로부터 참 많은 사랑을 받았다는 것을
기억해 내시기 바랍니다.

삶의 난이도가 높으면 높을수록
당신은 하늘로부터 사랑받고 있는 영혼임을
잊지 마시기 바랍니다.

삶의 난이도가 높아
삶이 고달프고 힘들었다면
당신의 삶은 하늘의 축복을 받고 있었음을
기억하시기 바랍니다.

하늘에서 높은 사람은
땅에서는 가장 낮은 곳에 있어야 하는 것이
하늘 사람의 운명임을 잊지 마시기 바랍니다.

하늘의 축복속에
하늘의 사랑속에
하늘의 선물속에
진흙속에서 연꽃을 피우고 있는
빛의 일꾼들의 건승을 빕니다.

하늘의 축복속에
하늘의 사랑속에
하늘의 선물속에
진흙속에 진주로 살고 있는
하늘 사람들의 건승을 빕니다.

영혼의 물질 체험편

영들의 여행을 하고 있는 천사들에게
하늘의 최고의 선물은
영혼의 여행을 할 수 있는 권한이 주어지는 것입니다.

영혼에게 줄 수 있는 하늘의 최고 선물은
영혼이 진화할 수 있도록 한 것입니다.
영혼은 물질 체험을 통해서만
영혼의 여행을 할 수 있으며
영혼의 진화를 할 수 있습니다.

영혼의 진화는
생명체의 몸에 들어가서
생명체의 의식과 감정을 경험하면서
영혼의 물질 체험을 통해서만 이루어질 수 있습니다.

영혼의 진화는
영혼의 옷인 인간이라는 육신을 입고
인생이라는 삶을 통해서만 이루어질 수 있습니다.

인간이 사는 목적은 영혼의 입장에선
영혼의 진화에 있습니다.

인간이 사는 목적은 인간의 입장에선
부귀와 명예를 얻기 위해서입니다.

영에게 가장 최고의 형벌은
영의 여행이 금지되는 것입니다.
영혼에게 내려지는 하늘의 최고의 형벌은
영혼의 소멸입니다.
영혼이 소멸된다는 것은
영혼이 우주에서 사라진다는 것을 말합니다.
영혼에게 영혼의 소멸 다음으로 주어지는 하늘의 형벌이 있는데
그것은 영혼의 물질 체험이 금지되거나 중지되는 것입니다.

영혼에게 영혼의 물질 체험이 중지된다는 것은
영혼의 진화가 멈춘다는 것을 의미합니다.
영혼에게 영혼의 물질 체험이 중지된다는 것은
영혼이 존재하는 목적이 사라지게 되는 것입니다.

영혼에게 영혼의 물질 체험이 중지된다는 것은
윤회를 할 수 없다는 것을 말합니다.
영혼에게 영혼의 물질 체험이 중지된다는 것은
윤회가 끊어진다는 것을 의미합니다.
영혼에게 영혼의 물질 체험은
영혼이 존재하는 이유이며
영혼이 존재하는 목적입니다.

산다는 것이 갖는 의미는
영혼의 물질 체험이 중지되지 않았다는 증거입니다.
산다는 것이 갖는 의미는
당신의 영혼이 우주에서 진화하고 있음을 의미합니다.
산다는 것이 갖는 의미는
당신의 영혼이
카르마와 윤회 시스템속에 있다는 것을 의미합니다.

산다는 것이 갖는 의미는
당신의 영혼이
대우주의 전체의식 시스템속에 편입되어 있음을 의미합니다.
산다는 것이 갖는 의미는
당신의 본영이 아바타인 당신과 동행하고 있다는 증거이며
공동 운명체라는 것을 의미합니다.

산다는 것이 갖는 의미는
당신의 영혼이 하늘로부터
인간이라는 영혼의 옷을 입고 영혼의 물질 체험을 할 수 있는
하늘의 승인과 함께
하늘의 축복을 받고 있다는 것을 의미합니다.

산다는 것이 갖는 의미는
당신의 영혼이
하늘에서 1/n 만큼의 지분을 가지고 있음을 의미합니다.

산다는 것이 갖는 의미는
당신의 영혼이
하늘에서 자신의 우주적 신분이 있음을 의미합니다.

산다는 것이 갖는 의미는
당신의 영혼에게 창조주께서 심어 놓은
하늘의 마음인 양심이 작동되고 있다는 것을 의미합니다.
산다는 것이 갖는 의미는
당신의 영혼에게 창조주께서 심어 놓은
하늘의 마음인 진리의 씨앗이
당신의 마음에서 작동되고 있다는 것을 의미합니다.

산다는 것이 갖는 의미는
당신의 영혼에게 창조주께서 심어 놓은
하늘의 마음인 감사함이
당신의 마음에서 여전히 작동되고 있다는 것을 의미합니다.
산다는 것이 갖는 의미는
당신의 영혼에게 창조주께서 심어 놓은
하늘의 마음인 순수함이
당신의 마음 한 자락에서
여전히 작동되고 있다는 것을 의미합니다.

산다는 것이 갖는 의미는
당신의 영혼이
하늘과 함께하고 있다는 것을 의미합니다.

산다는 것은
당신의 영혼이
하늘로부터 축복을 받고 있다는 강력한 증거입니다.
산다는 것은
당신의 영혼이
하늘의 사랑을 받고 있다는 강력한 증거입니다.
산다는 것은
당신의 영혼이
하늘로부터 선물을 받고 있다는 강력한 증거입니다.

하늘의 선물을 받고 있는 당신의 영혼에게
우데카 팀장이 고마움과 감사함을 전합니다.

하늘을 가슴에 품고 사는 사람들

하늘의 선물을 받고 있는 사람들은
하늘의 마음을 품고 사는 사람들입니다.
하늘의 선물을 받고 있는 사람들은
하늘의 마음을 땅에 펼쳐내는 삶을 살고 있는 사람을 말합니다.

하늘의 선물을 받고 있는 사람은
소비적이고 소모적인 삶이 아닌
창조적인 삶을 살고 있는 사람들입니다.
하늘의 선물을 받고 있는 사람은
사람의 향기가 나며
누군가에게 큰 그늘이 되어줄 수 있는 사람들입니다.

하늘의 선물을 받고 있는 사람은
메타 인지를 통해
하늘이 땅에 펼쳐 놓은 천라지망의 매트릭스속에 숨겨 놓은
하늘의 진리를 찾는 사람들입니다.
하늘의 선물을 받고 있는 사람은
메타 인지를 통해
하늘이 땅에 펼쳐 놓은 물질 매트릭스속에 숨어있는
하늘의 진리를 찾을 수 있는 사람들입니다.

하늘의 선물을 받고 있는 사람은
하늘을 가슴에 품고 사는 사람입니다.
하늘의 선물을 받고 있는 사람은
하늘을 가슴에 모시고 사는 사람입니다.

하늘을 가슴에 품고 사는 사람을
하늘 사람이라고 합니다.
하늘을 가슴에 모시고 사는 사람을
하늘 사람이라고 합니다.

종교의 시대에
하늘에 복을 구하는 기도를 구하지 않고
하늘을 가슴에 품고
하늘을 섬기는 일은 쉬운 일이 아닙니다.

물질의 시대에
하늘에 복을 구하는 기도를 하지 않고
하늘을 가슴에 품고
하늘을 그리워하는 것은 쉬운 일이 아닙니다.

과학의 시대에
하늘에 복을 구하지 않으며
하늘에 영적인 능력을 구하지 않으며
하늘을 가슴에 품고
하늘을 가슴에 모시고 사는 것은 쉬운 일이 아닙니다.

종교의 시대에
기도와 수행의 시대에
하늘이 땅에 펼쳐 놓은 천라지망의 종교 매트릭스속에서
하늘을 가슴에 품고 살거나
하늘을 가슴에 모시고 사는 것은
결코 쉬운 일이 아닙니다.

하늘은
도통과 신통을 얻기 위해
기도와 수행을 하는 사람을 찾지 않습니다.
하늘은
영적인 능력을 얻기 위해
치유 능력을 얻기 위해
기도와 수행을 하는 수행자를 원하지 않습니다.

하늘은
인류를 이롭게 하겠다는 자신의 신념을 위해
하늘에 복을 구하는 기도를 하는
수행자를 원하지 않습니다.

하늘은
세상을 이롭게 하겠다는 이유로
도탄에 빠져있는 세상을 구하겠다는 신념으로
하늘의 마음을 얻기 위해 기도를 하는
수행자를 원하지 않습니다.

하늘의 선물을 받고 있는 사람은
자신을 위해 기도하지 않습니다.
하늘을 가슴에 품고 사는 사람들은
하늘의 고마움을 알기에
하늘에 복을 구하는 기도를 할 필요가 없는
사람을 말합니다.

하늘의 선물을 받고 있는 사람은
하늘에 감사함을 알고 있는 사람입니다.
하늘을 가슴에 모시고 사는 사람은
하늘 무서운 줄 아는 사람들을 말합니다.
하늘을 가슴에 품고 사는 사람들은
하늘을 그리워하는 사람들을 말합니다.

하늘을 가슴에 품고 사는 사람들을
하늘 사람이라 합니다.
하늘을 가슴에 모시고 사는 사람들을
하늘 사람이라 합니다.
하늘을 가슴에서 그리워하며 사는 사람들을
하늘 사람이라 합니다.

하늘이 있는 줄 알고 있으며
하늘 무서운 줄 알고 있으며
하늘의 마음을 가슴에 품고 사는 사람들을
하늘 사람이라 합니다.

하늘 사람들은
하늘의 선물을 받고 있는 사람을 말합니다.
하늘의 선물을 받고 있는
하늘 사람들의 시대가 시작되고 있음을 전합니다.

하늘을 가슴에 품고 사는
하늘 사람들을 위해
하늘이 땅으로 내려왔음을 전합니다.
하늘을 가슴에 모시고 있는
하늘 사람들을 위해
개벽의 시대가 시작되었음을 전합니다.
하늘 사람들을 위한
영성의 시대가 시작되었음을 전합니다.

하늘의 선물을 받고 있는
하늘 사람들의 건승을 빕니다.

하늘이 사랑하는 방식

땅에 있는 모든 생명체들은
하늘과 연결된 생명선을 통해
하늘의 사랑을 받고 있습니다.

하늘은
인간의 의식의 흐름 하나 하나와
인간의 감정의 흐름 하나 하나와
인간의 행동 하나 하나를 지켜보고 있습니다.
하늘은
인간의 눈에는 보이지 않지만
우주 공학기술로 만들어진
하늘의 눈인 관찰 카메라를 통해
당신의 모든 것을 지켜보고 있습니다.
하늘은 당신이 땅에서 한 모든 일들을 기록하고 있습니다.

영혼의 물질 체험을 하고 있는 모든 인간은 백회를 통해
하늘과 연결된 7개의 생명선을 통해
하늘과 연결되어 있으며
공평무사한 하늘의 사랑을 받고 있습니다.
하늘과 연결된 7개의 생명선을
우리 조상들은 양백줄이라 하였습니다.

인간은 7개의 양백줄(생명선)을 통해
하늘로부터 생명을 공급받고 있으며
본영과 상위자아의 보호를 받고 있습니다.
인간은 7개의 양백줄을 통해
자오유주도를 통해 들어오는 하늘의 빛이
차크라 시스템을 통하여
인간의 몸에 차크라의 빛을 공급받고 있습니다.

인간은 천문(天門)인 백회를 통해
하늘과 연결된 7개의 생명선(양백줄)을 통해
하늘의 공평무사한 사랑을 받고 있습니다.
이 빛이 잠시 끊어진 깃을 기질(氣絶)이라고 합니다.
인간은 하늘과 연결된 7개의 생명선이 연결되어 있는 한
죽을 수도 없습니다.

하늘은 기도하지 않아도
모든 생명체에게 빛을 공급하고 있습니다.
하늘은 인간이 기도를 멈추고 수행을 멈추어도
천문(백회)을 통해 연결된
7개의 생명선을 통해
하늘의 빛을 공급할 것입니다.

인간이 하늘에 기도를 하지 않아도
새 하늘에서 살아가기로 약속된 사람에게는
몸의 진동수를 높이는 삭업을 진행하고 있습니다.

인간이 하늘에 정성과 치성을 다하지 않아도
새 땅에서 살아가기로
하늘에서 약속된 사람에게는
차크라의 가동률을 높여
인간의 몸에 차크라의 빛을 공급하여
빛의 몸을 만들어주고 있습니다.

하늘은 기도와 수행을 하지 않아도
새 하늘과 새 땅에서 살아갈 사람에게는
상위자아 합일과 본영과의 합일을 위해
참 많은 에너지를 쓰고 있습니다.

하늘은 당신이 하늘을 잊어버리고 살아도
하늘에서 당신의 영혼과 한 언약을 지키기 위해
7개의 양백줄을 통해
하늘의 사랑을 공평무사하게
당신에게 하늘의 빛을 공급하고 있습니다.

아무것도 모르는 당신만이
이것도 모르는 당신만이
나에게만 특별하게 많은 빛을 달라고
나에게 하늘의 특별한 사랑을 보여 달라고
나에게 하늘의 특별한 선물을 달라고
기도와 수행을 통해
떼쓰는 아이처럼 어리광을 부리고 있을 뿐입니다.

그러거나 말거나
하늘은 하늘 스스로 정한 길을 갈 뿐입니다.

하늘은 당신이 하늘의 존재를 부정하고
하늘은 당신이 영혼의 존재를 부정할지라도
판단속에 머물지 않으며
당신을 지켜보고 있을 뿐입니다.

하늘은 당신이 인간에 대한 예의를 다하지 않고
함부로 대할지라도 지켜보고 있을 뿐입니다.
하늘은 당신이 생명체에 대한 존중없이
생명을 함부로 대할지라도 지켜보고 있을 뿐입니다.

하늘은 당신의 영혼의 자유의지를 존중하기에
하늘은 당신의 자유의지를 존중하기에
하늘과 연결된 7개의 생명선을 끊지 않고
하늘의 빛을
하늘의 사랑을 당신에게 흘려보내고 있습니다.

하늘은 천둥과 번개로 일합니다.
천둥과 번개가 요란하게 칠 것입니다.
이것을 우리 조상들은 경천동지라 하였습니다.

천지불인의 시대는 경천동지의 시대입니다.
천지불인의 시내를 개벽의 시대라 합나.

천지불인의 시대를 열기 위해
하늘이 땅으로 내려왔음을 전합니다.

성인불인의 시대를 후천의 시대라 합니다.
성인불인의 시대를 열기 위해
지상의 신정정치 시대를 열기 위해
지상에 용화세계를 열기 위해
지상에 자미원을 열기 위해
창조주께서 땅으로 내려왔음을 전합니다.

천지불인의 시대와
성인불인의 시대가 시작되었음을 전합니다.

제3부

지구로 온 영혼들의 미래

우주에는 다양한 행성들이
영혼들의 물질 체험을 위해 존재합니다.
지구 행성은 아주 특별한 행성입니다.
새로운 대우주의 주기를 열기 위해
우주의 모순을 해결하기 위해
다양한 영혼들이 들어와서
우주의 카르마를 해소하고 있습니다.

영혼들의 물질 체험이 이루어지는 3가지 트랙

영혼들의 물질 체험을 위해 하늘이 존재합니다.
영혼들의 물질 체험을 위해 무극과 태극의 세계가 존재합니다.
영혼의 물질 체험을 위해 대우주는 존재합니다.
영혼의 물질 체험을 위해 창조주가 존재합니다.

영혼의 물질 체험과 동시에
영혼들의 물질 체험을 관리하고 감독하는
영들의 여행이 시삭됩니다.
영혼의 물질 체험 속에는
차원마다 고유한 역할과 임무가 있으며
창조주의 의지가 담겨 있습니다.

영혼들이 물질 체험을 하는 3가지 트랙이 있는데
다음과 같습니다.

첫번째
행성에서의 물질 체험이 있습니다.
행성 영단이 구성되며
행성 영단 관리자들의 사고조절자에 맞는 영혼들이
행성의 영단에 유입되어
영혼의 물질 체험이 이루어지는 방식입니다.

우주에서 가장 보편적인 방법입니다.

두번째
태양(항성)에서의 영혼들의 물질 체험입니다.
태양의 뜨거운 열과 빛이 나오는 것은
행성으로 비유하면 대기권과도 같은 부위입니다.
항성에도 수많은 에너지 보호막이 있습니다.
태양에 설치된 에너지 보호막 아래에
영혼들의 물질 체험을 위한 특수한 곳이 존재합니다.
태양의 내부에서 영혼들의 물질 체험이 이루어지고 있습니다.

모든 태양에 영혼의 물질 체험을 위한
태양의 영단들이 구성되어 있습니다.
태양의 영단들을 통해
영혼들의 여행과
영들의 여행이 이루어지고 있습니다.

항성 영단은 행성의 영단과는 그 구성이 다릅니다.
항성에 살고 있는 영혼들은
행성에 살고 있는 영혼들과는 다릅니다.
항성에 살고 있는 영혼들은
16차원인 천시원에서 창조될 때부터
높은 진동수를 가진 영혼들이며
사고조절자의 내용도 다릅니다.

행성에서 영혼의 물질 체험을 하고 있는 영혼들과
항성에서 영혼의 물질 체험을 하는 영혼들의 조우는
이루어질 수 없도록 엄격하게 관리되고 있습니다.
영혼들의 진화 과정이 다르며
영혼들의 진화 목적이 다르며
영혼을 창조한 목적이 다릅니다.

항성은 행성들의 어머니입니다.
태양들을 관리하는 차원은 15차원입니다.
행성들을 관리하는 차원은 13차원입니다.

지구 행성의 차원상승 과정에
태양에 살고 있는 영혼들은 참여하지 않았습니다.
지구 행성의 차원상승 과정에
태양의 영단이 관여하고 있습니다.

2019년 7월 5일
지상으로 내려온 창조주의 중심의식인
공의 세계를 주관하고 있는 천황의 중심의식에 의해
태양의 영단과 지구 영단이 서로 연결되었습니다.
지구 행성의 차원상승과 대격변을 준비하기 위한
우주의 행정적 절차 중 하나가 이루어졌습니다.

태양의 변화를 시작하기 위한
행정적 절차가 진행되었습니다.

지구 영단과 태양의 영단이 서로 연동되어
서로를 관찰하면서
태양의 변화와 지구 행성의 자연 변화들이
긴밀한 협조 아래 진행될 것입니다.

세번째
영혼이 물질 체험을 하는 3번째 트랙은
태양에 의존하지 않고
행성에 설치된 동력 시스템을 이용하여
끊임없이 이동을 하면서
영혼의 물질 체험을 하는 경우가 있습니다.

특정한 태양계에 머무르거나 종속되지 않고
자체의 우주 공학기술을 이용하여 주기적으로 이동을 하면서
행성의 물리적 환경을 다양하게 변화시켜 가며
영혼의 물질 체험을 하는 경우가 있습니다.
세번째 경우는 우주에서 그 비율은 높지 않습니다.

태양을 선택하면서
은하를 선택하면서
영혼의 물질 체험을 하고 있는 영혼 그룹이 있습니다.

하늘과의 조율속에
하늘과의 소통속에
이 글을 기록으로 남깁니다.

쌍둥이 불꽃 트윈 플레임

쌍둥이 불꽃은 쌍둥이 영혼을 말합니다.
쌍둥이 영혼은
하나의 본영이
영혼의 물질 체험을 위해
영혼의 진화를 위해
물질 세상에 2명의 아바타를 내려보내는 경우가 있는데
둘 사이의 관계를
쌍둥이 불꽃이라고 합니다.

쌍둥이 불꽃은 본영이 같은 영혼을 말합니다.
쌍둥이 불꽃은
2명의 아바타가 동시대에 태어나 살아갈 때를 말합니다.
쌍둥이 불꽃은 아무 때나 아무에게나 주어지지 않으며
대우주의 법칙속에서 이루어지고 있습니다.

쌍둥이 영혼은
영혼의 진화 과정상 한 단계의 진화 과정을 마무리할 때
많이 태어납니다.
예를 들어
우주적 신분이 12차원 3단계 영혼이
12차원 4단계로 진화를 앞두고 있는 경우

한번의 생으로 체험하고 공부할 수 있는 것이
너무나 작기 때문에
2명의 아바타를 두어 영혼의 진화를 앞당기기 위해
쌍둥이 영혼이 탄생됩니다.

쌍둥이 불꽃은
이번 생애에 맡은 역할과 임무가 중요하여
반드시 성공을 해야 하는 경우
두 명의 아바타를 두어
한 영혼이 다른 한 영혼을
옆에서 지원하고 후원하는 역할을 맡기기 위해
쌍둥이 영혼이 탄생합니다.
부부나 협력자의 관계로 태어나
내가 나를 돕는 역할을 맡기는 경우가 있습니다.

쌍둥이 영혼이
서로 같은 곳에서 살고 있다면
나의 부족한 면을 메꾸어 주는 역할을 하며
나를 가장 잘 이해하는 역할을 하게 됩니다.
나를 위해 마지막까지 희생하고 봉사하는
역할과 임무를 수행하고 있습니다.
말하지 않아도 서로를 이해할 수 있으며
눈빛만 봐도 서로를 이해할 수 있으며
서로가 서로에게 참 좋은 당신이 되어
서로의 삶에 영향을 주고 있는 경우가 많습니다.

쌍둥이 영혼이

서로 다른 장소에서 살고 있다면

서로 만날 수 없는 삶속에서 살아야 하는 경우가 있습니다.

쌍둥이 영혼이 서로 다른 공간에서 살고 있다면

서로 다른 주제 속에 있는

영혼의 물질 체험이 이루어지는 것이기에

공통점을 찾기는 매우 어렵습니다.

본영이 부족한 것을 메꾸기 위해

서로 다른 삶의 프로그램 속에 살고 있는 것입니다.

쌍둥이 영혼이 서로 다른 지역에서 살고 있다면

서로가 같은 주제 속에

남녀를 달리하여 체험하는 과정 중에 있는 것입니다.

쌍둥이 영혼이 서로 다른 지역에서 살고 있다면

서로가 같은 주제 속에

지역이나 문화를 달리하여

다양한 체험이 필요한 경우에 해당됩니다.

쌍둥이 영혼은 본영이 같기에

서로 다른 곳에 살고 있어도

성격이나 외모가 비슷합니다.

쌍둥이 영혼은 사고조절자가 같기에

성격이나 취향이 비슷할 수밖에 없습니다.

쌍둥이 영혼은 에너지적으로 나와 같으며

우주에서 나를 가장 닮은 또 다른 나입니다.

쌍둥이 영혼은 한번 태어나면 보통
3번 정도의 삶을 동시대에 태어나 살아야 합니다.
쌍둥이 영혼으로 3번 정도 태어나
영혼의 물질 체험을 경험한 쌍둥이 영혼은
본영의 에너지로 흡수되어 통합이 이루어집니다.
특수한 경우 최대 5번까지 쌍둥이 영혼으로 살 수 있습니다.

쌍둥이 영혼으로 살면서 경험한 모든 것들은
본영의 사고조절자로 흡수되어 저장됩니다.
쌍둥이 영혼은 본영이 영혼의 진화를 위해
선택하는 옵션과도 같습니다.

쌍둥이 영혼을 탄생시킬 만큼의 본영의 영 에너지가 부족하면
하나의 영혼의 에너지는 크게 하고
하나의 영혼의 에너지는 작게 셋팅하여
두 명의 아바타를 물질 세상에 내보내는 경우가 있습니다.
이 경우는 쌍둥이 영혼이라고 하지 않습니다.
우주에서 매우 드문 경우이지만
이런 방식으로 탄생하는 유사 쌍둥이 불꽃이 있습니다.
에너지가 작은 영혼의 삶이 너무 고달프고 힘들기에
잘 선택하지 않지만
본영이 꼭 필요한 경우에는 진행하는 경우가 있습니다.

쌍둥이 영혼으로의 분화는
본영의 우주적 신분이 높아야 가능합니다.

쌍둥이 불꽃으로의 분화는

본영의 영 에너지를 2개로 분화하였을 때

안정적이어야 이루어질 수 있습니다.

인류의 약 80%는 쌍둥이 영혼을 탄생시킬 수 없는 영혼들입니다.

쌍둥이 영혼을 탄생시킬 수 있는 영혼들은

우주에서 오래된 영혼들이며

우주적 신분이 비교적 높은 영혼들입니다.

쌍둥이 영혼은

특수한 경우에 한하여

본영의 우주적 신분이 8차원 15단계부터 탄생이 가능합니다.

쌍둥이 영혼은 일반적으로

본영의 우주적 신분이 10차원 8단계는 되어야

쌍둥이 영혼 간의 영 에너지의 불균형 없이

쌍둥이 불꽃을 탄생시킬 수 있습니다.

행성 영단을 관리하는 영단의 책임자들은

11차원 13단계에서부터

쌍둥이 불꽃을 탄생시킬 수 있습니다.

지구 행성의 영단을 관리하는 책임자들을

대백색 형제단이라고 합니다.

지구 행성의 영단의 책임자들은

행성의 진화 로드맵에 따라 행성의 진화를 책임져야 하는

막중한 책임을 가지고 있습니다.

행성의 영단 책임자들은
자신의 쌍둥이 불꽃을 통해
자신의 쌍둥이 영혼을 통해
두 명의 자신의 아바타를 통해
물질세계의 중요한 요직을 통해
행성의 진화를 책임지고 운영하고 있습니다.

지구 행성의 차원상승에 참여하고 있는
외계 행성에서 온 영혼들 또한
쌍둥이 불꽃을 통해 쌍둥이 영혼을 탄생시킬 수 있습니다.
지구 행성에 살고 있는 인류 중 약 12%는
외계 행성에서 온 영혼들입니다.

외계 행성에서 지구 행성에 들어온 영혼들 중에
12차원 2단계 이상의 영혼들만이 쌍둥이 불꽃을 통해
쌍둥이 영혼을 탄생시킬 수 있습니다.
외계 행성에서 온 일반 영혼들 중에
약 3%에 해당하는 영혼들에게
쌍둥이 영혼의 탄생이 허락되어 있습니다.
쌍둥이 불꽃을 통해
쌍둥이 영혼을 통해
두 명의 아바타를 통해
자신이 우주에서 지은
우주의 카르마를 빨리 해소하기 위해
쌍둥이 불꽃이 허용되어 있습니다.

외계 행성에서 지구 행성에 들어와 살고 있는
자신의 행성을 멸망시킨 중죄인들인 행성의 영단 책임자들은
주로 13차원의 관리자 그룹입니다.
13차원의 행성 관리자 그룹들 모두에게는
쌍둥이 불꽃이 허용되어 있습니다.

우주에서 죄를 짓고 지구 행성에 들어와 살고 있는
외계 행성에서 온 영혼들은
카르마를 많이 해소하기 위해
카르마를 빨리 해소하기 위해
쌍둥이 불꽃을 통해
쌍둥이 영혼을 통해
카르마를 해소하고 있는 중입니다.

쌍둥이 불꽃에 대한 정리의 필요성이 있어
우데카 팀장이
하늘과의 소통속에
하늘과의 조율속에
이 글을 기록으로 남깁니다.

삼중 불꽃

영혼의 탄생은 신성한 것입니다.
영혼의 탄생은 16차원의 천시원에서 이루어집니다.
16차원에서 탄생한 신생 영혼들은
인간의 몸을 기준으로 하면
하나의 아바타만을 탄생시킬 수 있습니다.

인간의 몸은 우주에서 최고 사양을 가진
최신형의 모델입니다.
호모 사피엔스인 인간의 몸을 운영하기 위해서는
많은 양의 영혼이 필요합니다.
이것이 우주에서 인간의 몸을 받아서
영혼의 물질 체험을 하기가 어려운 이유 중에 하나입니다.

우주에서 진화한 영혼들에 의해서도
영혼이 탄생됩니다.
우주에서 진화한 영혼에 의해
2개의 신성한 영혼이 탄생될 때를
우주에서는 쌍둥이 불꽃이라고 합니다.
우주에서 진화한 영혼에 의해
3개의 신성한 영혼이 탄생될 때를
우주에서는 삼중 불꽃이라고 합니다.

삼중 불꽃이란

본영에 의해 탄생된 3명의 신성한 영혼을 말합니다.

삼중 불꽃이란

본영이 자신의 영 에너지를 셋으로 분화하여

3명의 영혼이 탄생할 때 부르는 용어입니다.

삼중 불꽃을 꽃피울 수 있는 영혼들은

우주의 시작과 함께 창조되어

우주의 역사와 함께한 오래된 영혼들입니다.

삼중 불꽃을 꽃피울 수 있는

대우주의 법칙은 다음과 같습니다.

삼중 불꽃을 탄생시킬 수 있는 영혼들은

우주에서 가장 오래된 영혼 그룹인

14차원의 영혼들만이 가능합니다.

14차원 1단계에서부터 14차원 14단계까지의

우주적 신분을 가진 영혼들에 의해

삼중 불꽃을 꽃피울 수 있습니다.

14차원 15단계에 있는 영혼들은 영 에너지가 커서

동시에 4명까지 영혼을 탄생시킬 수 있습니다.

삼중 불꽃에 의해 탄생한 영혼들은

2번의 생을 살 수 있으며

2번의 생이 끝나면 본영으로 흡수됩니다.

2번의 생을 통해 체험한 모든 것들은

본영의 사고조절자에 흡수됩니다.

삼중 불꽃으로 태어난 영혼들의 특성은 다음과 같습니다.

삼중 불꽃으로 탄생한 3명의 영혼의 크기는 똑같지 않습니다.

삼중 불꽃으로 탄생한 3명의 영혼들의 크기는

3가지 유형으로 나누어집니다.

첫번째 유형

하나의 메인(main) 영혼에 2명의 영혼이

조력자나 협력자로 태어나는 유형이 일반적인 경우입니다.

영웅이나 성인의 역할을 하거나

게임 체인저나 문명 체인저의 역할을 하는 영혼들은

두명의 협력자나 조력자의 도움을 통해

그 역할을 수행하는 경우가 많습니다.

하나의 영웅이 탄생하려면

영웅을 돕는 오른팔과 왼팔에 해당하는

공신이 꼭 필요한 경우가 있습니다.

이 경우 세 사람 모두 한 사람의 본영에 의해 탄생한 3명에 의해

영웅이 탄생이 되는 것입니다.

두번째 유형

삼중 불꽃에 의해 탄생한 3명의 영혼들 중

2명은 대등하거나 라이벌로 태어나는 경우가 있으며

1명은 협력자나 조력자로 태어나는 경우가 많습니다.

영웅들은 일생에 걸쳐 라이벌이 있는데

그 라이벌이 하나의 본영에 의해 탄생한 아바타일 경우가 많습니다.

세번째 유형

특수한 프로젝트를 성공하기 위해 삼중 불꽃의 영혼이 탄생합니다.

새로운 왕조를 열고 시작한 사람이

3명 중 에너지가 가장 큰 메인이라면

왕조의 기틀을 잡는 영혼이 있으며

왕조의 문명의 전성기를 꽃피우는 영혼이 있습니다.

이렇게 시간을 두고 꼭 지켜야 하거나

시간을 두고 꼭 전승할 필요가 있는 경우

하나의 본영에 의해 탄생된 3명의 영혼에게

그 일을 맡기는 경우가 있습니다.

삼중 불꽃으로 태어나는 영혼들은

스승이나 제자의 관계로 많이 나오는 경향이 있습니다.

스승이 이룬 업적을 뒷세대까지 전하는 역할이 있을 때

삼중 불꽃으로 태어난 영혼들에게 그 역할을 맡기는 경우가 많습니다.

예술이나 학문적인 업적을 남겨야 하는 경우나

실험을 통해서 새로운 이론이 탄생하거나

전승하고 계승해야 하는 필요성이 있는 경우에

삼중 불꽃을 가지고 태어난 영혼들에 의해

그 임무와 역할이 부여됩니다.

행성의 관리자들은

삼중 불꽃에 의해서 탄생한 자신의 아바타를

자신의 행성에 육화시키는 방법으로

자신의 행성을 운영하고 관리하고 있습니다.

13차원 6단계 이상의 우주적 신분을 가진 행성의 영단 관리자들은
삼중 불꽃을 통해 탄생한 자신의 아바타를 통해
행성의 게임 체인저나 행성의 문명 체인저의 역할을 통해
자신의 행성을 운영하는 것이 대우주의 보편적인 법칙입니다.

행성의 영단의 최고 책임자들은
쌍둥이 불꽃보다는
삼중 불꽃을 통해 탄생한 자신의 아바타를 육화시켜서
행성의 진화를 책임지고 있습니다.
행성의 영단의 중간 관리자들은
쌍둥이 불꽃을 통해 탄생한 자신의 아바타를 육화시켜서
행성의 진화에 참여하고 있습니다.

지구 행성에 들어와 살고 있는
외계 행성에서 온 영단의 관리자들과
외계 행성에서 들어온 일반 영혼들을 외부지원팀이라고 합니다.
지구 차원상승에 참여한 외부지원팀 중에는
삼중 불꽃을 통한 영혼의 물질 체험은 허용되지 않았습니다.
지구 차원상승에 참여한 외부지원팀은
쌍둥이 불꽃을 통해서 탄생한 아바타를 통해서만
자신이 지은 우주의 카르마를 해소할 수 있도록 허용되었습니다.

시절인연이 되어
하늘과의 소통속에 하늘과의 조율속에
삼중 불꽃에 대한 대우주의 비밀을 기록으로 남깁니다.

문명 체인저(게임 체인저)에 대한 정리

행성에서 펼쳐지는 문명은
정신문명과 물질문명의 두 수레바퀴에 의해 펼쳐집니다.
행성에 펼쳐지는 문명은
행성의 영단에 의해 기획되고 프로그램되어
영혼의 물질 체험을 위한 연극 무대로써
철저한 시나리오를 통해 행성에 펼쳐지는 것입니다.

행성의 진화를 책임시고 있는 것은
그 행성의 영단입니다.
행성의 진화를 책임지고 있는 행성의 영단은
주로 13차원의 최고 관리자가 영단을 책임지고 있습니다.
행성의 영단의 구성은 행성마다 다릅니다.

지구 행성을 예를 들면 다음과 같습니다.
지구 행성의 영단을 대백색 형제단이라 합니다.

<대백색 형제단의 구성>
최고 책임자 ⇒ 13차원 15단계
최고 책임자에 의해 지저 문명과 지상의 문명을 총괄하여 담당
지저 문명 최고 관리자 ⇒ 13차원 2명
지상 문명 최고 관리자 ⇒ 13차원 4명

지저 문명 상부 관리자 ⇒ 11차원 관리자 3명

지상 문명 상부 관리자 ⇒ 11차원 관리자 6명

지저 문명 중부 관리자 ⇒ 9차원 관리자 5명

지상 문명 중부 관리자 ⇒ 9차원 관리자 10명

지상 문명 하부 관리자 ⇒ 7차원 관리자 6명으로 구성되어 있습니다.

지구 행성의 영단은 비교적 큰 편입니다.

행성의 문명의 발달 정도에 따라

행성 가이아 의식의 차원에 따라

행성에 살고 있는 인구수에 따라 행성의 규모는 달라집니다.

문명 체인저란 행성의 문명의 발전에

중요한 역할을 하는 사람을 말합니다.

문명 체인저의 역할을 하는 사람들은 대부분

그 행성의 영단을 관리하는 영단의 책임자들이

그 역할을 수행하게 됩니다.

문명 체인저의 역할은 행성 영단의 책임자들이

쌍둥이 불꽃이나 삼중 불꽃을 통하여

자신의 아바타를 육화시켜

그 역할을 맡기는 경우가 일반적인 경우입니다.

행성의 진화 로드맵에 맞추어

행성의 게임 체인저나 문명 체인저의 역할을

영단의 책임자들이 맡으면서

행성을 운영하는 것이 대우주의 법칙입니다.

행성 영단의 책임자들은
행성의 진화 로드맵에 맞추어
중요한 발명을 하는 과학자나
과학의 새로운 패러다임을 정립하는 학자로 태어나
문명 체인저의 역할을 수행합니다.

행성 영단의 책임자들은
행성 진화의 로드맵에 따라
쌍둥이 불꽃과 삼중 불꽃을 이용하여
자신의 아바타를 동시에 2명에서 3명을 육화시켜
행성의 중요한 문제들을 직접 해결하고 있습니다.

한 시대를 마무리하고
새로운 시대를 열기 위해
혁명가나 정치인으로 태어나기도 합니다.
행성의 게임의 룰을 바꾸고
행성의 새로운 매트릭스를 설치하기 위해
종교의 창시자나 첨단 과학기술을 발명하는 과학자나
유능한 사업가로 태어나기도 합니다.

행성에 알려져 있는
성인이나 영웅들의 본영은 대부분
그 행성의 영단을 운영하는 영단 책임자인 경우가 대부분입니다.
행성에 알려져 있는 성인이나 영웅들을
그 행성의 문명 체인저나 게임 체인저라고 부릅니다.

이것은 우주에서 행성의 영단 관리자들에게 주어지는
특권인 동시에 행성의 진화를 책임져야 하는 막중한 책임입니다.

지구 행성은 아주 특별한 행성입니다.
대우주의 7주기를 열기 위해
대우주가 6주기를 진화하는 동안 발생한
우주의 모순을 해결하기 위해
우주의 카르마를 해소하기 위해 선정된
종자행성인 동시에 감옥행성이며 어둠의 행성입니다.

지구 행성은 예수님의 십자가 사건 이후에
우주에서 발생한 카르마들이
지구 행성에 본격적으로 재현되었습니다.
이 과정에서 자신의 행성을 운영하다
행성이 멸망한 행성 영단의 책임자들이
대규모로 지구 행성에 육화하게 되었습니다.

지구 행성의 진화 과정에서
지구 행성의 문명 체인저나 게임 체인저의 역할을 한 인물들 중에는
외계 행성에서 온 영단 관리자들이
그 역할을 하게 된 경우가 많습니다.
지구 행성보다 더 발달한 문명에서 온
외부지원팀 소속의 영단 책임자들이
주로 과학자나 예술가나 종교 지도자로 많이 육화하여
지구 행성의 문명을 주도하였습니다.

지구 행성에서 성인이나 영웅의 삶을 살거나
지구 행성에서 이름을 남기고 죽은 사람들은
지구 행성의 영단 관리자들이거나
지구 행성의 영단에 참여한
태극이나 무극의 세계에서 온 영혼들에게
문명 체인저의 역할을 맡기는 것이 우주의 법칙입니다.

지구 행성의 진화 과정에서
영웅이나 성인이나
이름을 남기고 죽은 장군이나 역사적 중요 인물들 중에는
외계 행성에서 자신의 행성 영단을 운영하다
자신의 행성을 멸망시킨 영단의 관리자들이
자신의 우주의 카르마를 해소하기 위해
문명 체인저나 게임 체인저의 역할을 맡게 되었습니다.

성인이나 영웅들의 이야기에 숨어있는
불편한 진실을 전합니다.
문명 체인저와 게임 체인저로 알려져 있는 인물들에 대한
보이지 않는 세계의 불편한 진실을 전합니다.

하늘과의 소통속에
하늘과의 조율속에
우데카 팀장이 기록을 위해 이 글을 남깁니다.

인류의 의식의 깨어남을 기원하며...

정신문명이 발달한 행성에서 온
영혼들의 특징과 역할

지구 행성에 살고 있는 영혼들 중 약 12%는
지구 행성의 영단 소속이 아닌
외부 은하나 외계 행성의 영단 소속 영혼들입니다.

외계 행성에서 온 영혼들은
지구 행성의 영단에 잠시 머물면서
자신들의 카르마를 풀고 있는 중입니다.
지구 행성만이 대우주에서 우주의 카르마를 해소할 수 있는
유일한 행성이기 때문입니다.

지구 행성에 들어와서 살고 있는 영혼들은
우주적 신분이 매우 높은 영혼 그룹들입니다.
지구 행성보다 물질문명과 정신문명이 발달한 행성에서의
영혼의 물질 체험의 경험들이 풍부한 영혼들입니다.

지구 행성에 들어와서 살고 있는 약 12%의 영혼들은
창조주를 대신하여 한 행성을 운영한 영단 책임자들과
행성의 멸망에 직접적인 책임이 있는
우주의 카르마를 가지고 있는 행성의 주민들입니다.
지구 행성에 들어와서 살고 있는 12%의 영혼들은
자신이 운영하던 행성이 멸망한 후

행성 운영에 실패한 책임을 지고
행성을 재건하기 위해
자신의 우주적 카르마를 해소하기 위해
지구 행성에 감옥 대신 들어와 살고 있는 영혼 그룹입니다.

지구 행성에 들어와서 살고 있는 영단 관리자들은
창조주를 대신하여 행성을 운영하고 관리하던
우주 최고의 엘리트들입니다.
지구 행성에 들어와 살고 있는 영단 관리자들 입장에서 보면
지금의 지구 행성의 문명 수준을 비유적으로 설명하면
학교 선생님이 초등학교 교실에 들어와 있는 것에
비유할 수 있습니다.

외계 행성에서 온 영혼들은 자신들의 행성에서
이미 지구 행성이 겪고 있는 진화의 과정을
모두 마친 영혼들이 대부분입니다.
외계 행성에서 온 영혼들 입장에서 보면
지구 행성은 참 낙후된 행성이며
답답한 감옥과도 같은 행성입니다.

외계 행성에서 지구 행성에 들어와 살고 있는 영혼들은
지구 행성에서 살고 있다는 것이
마치 대학교 과정을 공부한 사람이
다시 초등학교에 입학하여
재교육을 받는 것에 비유할 수 있습니다.

외계 행성에서 지구 행성에 들어와 살고 있는 영혼 그룹 중에
정신문명이 발달한 행성에서 온
영단 관리자들이 있습니다.
이들 영단 관리자들은
자신들의 행성에서 정신문명을 직접 설계하고
정신문명을 직접 건설했던 영혼들입니다.
영단 관리자들은 지구 행성에서
자신들의 우주의 카르마를 해소하는 동시에
지구 행성의 정신문명의 매트릭스를 설치하고
지구 행성의 정신문화의 매트릭스를 관리하고
유지하는 역할을 해왔습니다.

정신문명이 발달한 행성에서 온 영혼들이
지구 행성에서 다음과 같은 역할들을 담당하였습니다.

첫번째
지구 행성에 자신들의 행성에서 펼쳐졌던 종교 매트릭스를
설치하고 관리하였습니다.
외계 행성에서 정신문명을 담당했던 영단 관리자들은
종교 지도자로서 많은 활동을 하였습니다.

지구 행성에 펼쳐진 다양한 종교 매트릭스들은
자연발생적인 것이 아닌
행성의 영단 관리자들이
자신들의 우주적 카르마를 풀기 위해

자신들 행성에서 펼쳐 놓았던 정신문명 중 일부를
지구 행성에 풀어 놓은 것입니다.

두번째
자신들의 행성에서 정신문명을 직접 설계하고
정신문명을 펼치고 관리하던 영단 관리자들에 의해
지구 행성에는 참 다양한 문화들이 입식되어 펼쳐져 있습니다.
예를 들어 동북아시아에 펼쳐졌던 유교 문화 역시
네바돈 우주(우리 은하)에 있는 행성에서 펼쳐졌던
정신문명 중 하나였습니다.
이들 영단 관리자들에 의해
유교 문화와 관련된 매드릭스들이
하늘의 승인을 통해 동북아시아에 설치되어
동북아시아의 독특한 문화를 형성하였습니다.

지구 행성에는
참 다양한 문화들이 펼쳐져 있습니다.
민족마다 서로 다른 문화를 가지고 있습니다.
지역마다 독특한 문화를 가지고 있습니다.
나라마다 서로 다른 문화를 가지고 있습니다.
부족마다 독특한 문화를 가지고 있습니다.
정신문명을 설계하고 담당했던
영단 관리자들의 행성의 문화들이
지구 행성 곳곳에 입식되어 펼쳐졌습니다.

세번째

정신문명에서 온 영혼 그룹들에 의해
지구 행성은 가장 어둠이 짙은 행성이 되었습니다.
성공한 정신문명이 입식된 것이 아니라
실패하고 모순이 많은 문명들이 입식되었기 때문입니다.

지구 행성에 펼쳐진 정신문명들은
모두 외계 행성의 영단 관리자들에 의해 입식된 문명들입니다.
그 이유는 지구 행성이 창조주에 의해
우주의 카르마를 해소하기 위한
종자행성으로 선정되었기 때문입니다.
지구 행성의 모든 정신문명과 물질문명들은
우주의 카르마를 가진
실패한 영단 관리자들에 의해 입식되었습니다.

지구 행성의 정신문명과 물질문명에는
대우주에 펼쳐졌던 다양한 문화들이 입식되었습니다.
지구 행성은 다차원 행성 중에서도
다양하고 복잡한 형태의 문명들이 펼쳐진
유일한 종자행성입니다.

네번째

정신문명을 담당했던 영단 관리자들에 의해
정신문명의 최상위에 있는
종교의 모순이 극대화되었던 행성입니다.

신의 이름으로
종교의 이름으로 행해졌던 모든 모순들과 악행들은
영단 관리자들의 우주적 카르마를 해소하기 위해 펼쳐졌습니다.

신의 이름으로
하늘의 뜻을 빙자하여
인간이 인간을 지배하고
인간이 인간을 심판하고
인간이 인간을 증오하는 종교의 모순들이
이들 영단 관리자들에 의해 행해졌습니다.
이 과정을 통해 지구 역사는 오염되었지만
영단 관리자들의 우주적 카르미는 해소되었습니다.

다섯번째
외계 행성에서 온 영단 관리자들은
자신들의 우주의 카르마를 해소하기 위해
거짓 선지자로 활동을 많이 하였습니다.

외계 행성에서 온 영단 관리자들에 의해
지구 행성에 이상향을 꿈꾸는
참 많은 신흥 종교들이 탄생되었습니다.
외계 행성에서 온 정신문명을 담당했던 영단 관리자들에 의해
참 많은 민족적 색채를 가진 민족 종교들이
전세계적으로 폭발적으로 출현하였습니다.

외계 행성에서 온 영단 관리자들은
지구 행성의 역사에서
선지자와 선각자와 같은 역할을 수행하였습니다.

외계 행성에서 온
정신문명을 담당했던 영단 책임자들이
지구 행성의 역사에 펼쳐진 철학과 사상에 결정적인 역할을 한
문명 체인저의 역할을 많이 담당하였습니다.

외계 행성에서 온 영단 관리자들과
외계 행성에서 온 영혼 그룹들은
지구 행성의 원주민들보다는 매우 적은 수이지만
우주적 신분이 높고
오래된 영혼들입니다.
이들에 의해 지구 행성의 문명은 주도되었으며
이들은 영적인 능력을 가진 사람들로 태어나 살면서
지구 행성에 기도와 수행의 매트릭스를 유지하고
강화시키는 역할을 하였습니다.

외계 행성에서 온 영혼 그룹들에 대한
우주적 카르마의 해소가
일단락 마무리되는 시점에 도래하였습니다.
외계 행성에서 온 영혼 그룹들에 대해
그동안의 노고에 고마움과 감사함을 전합니다.

외계 행성에서 온 영혼들 역시
지구 행성의 차원상승이 시작함에 따라
지구 행성에 자미원이 건설됨에 따라
지구 행성의 타임라인에 따라
자신들이 있어야 할 곳으로
자신들이 가야할 곳으로
운명들이 결정될 예정입니다.

외계 행성에서 온 영단 관리자들과
외계 행성에서 죄를 짓고
감옥행성인 지구 행성에 들어와 살고 있는 영혼들에게
고마움과 감사함을 전합니다.

그동안 수고 많으셨습니다.

지구 행성에 초대된
과학자 영혼 그룹들의 특징

지구 행성의 물질문명은
우주적 관점으로 볼 때 매우 낙후된 문명입니다.
지구 행성의 정신문명은
아직도 지구 대기권을 벗어나지 못한 문명입니다.

지구 행성에는
참 많은 영혼 그룹들이 들어와서
영혼의 물질 체험을 하고 있는 다차원 행성입니다.
지구 행성에 들어와서 살고 있는 영혼 그룹 중에
물질문명이 발달한 행성에서 들어와 살고 있는
영혼 그룹들이 있습니다.

창조주를 대신하여 자신들의 행성에서
물질문명의 수준을 기획하고
물질문명의 단계를 기획하고
물질문명을 행성에 건설하고
물질문명의 단계를 관리하고 운영했던 전문가 그룹들을
영단 관리자라고 합니다.

물질문명을 담당했던 영단 관리자들이
지구 행성으로 대거 입식되었습니다.

지구 행성에 초대된 영단 관리자들과
행성의 과학자들의 특성은 다음과 같습니다.

첫번째

자신들의 행성에서 물질문명을 담당했던 행성 관리자들이
행성 진화의 로드맵을 설정할 때
물질문명의 진화 단계를 제대로 설계하지 못해
물질문명이 너무 발달한 부작용으로 인하여
행성이 멸망하게 되었습니다.

행성의 과학기술 문명을 주도하고
행성의 과학기술 문명을 남낭했던
행성의 영단 관리자들이
행성의 멸망으로 인한
자신들의 우주적 카르마를 해소하기 위해
지구 행성에 초대되었습니다.

두번째

행성의 환경적 모순이나
생명체들의 모순을 해결하기 위한 방편으로
행성의 과학기술을 발전시키다가 과학기술의 남용으로 인하여
행성이 멸망하게 되었습니다.
과학기술의 남용으로 인하여
행성을 멸망시킨 우주적 카르마를 가지고
행성을 다시 재건하기 위하여

행성 영단의 관리자들과
행성의 과학자 그룹의 영혼들이 지구 행성에 초대되었습니다.

세번째
우주에서 최고의 과학기술의 차원은
12차원 15단계입니다.
지구 행성의 현재의 과학기술의 최고 수준은
6차원 3단계를 넘지 못하고 있습니다.

8차원의 과학기술이면
소형 우주선을 건조할 수 있으며
행성간의 여행을 자유롭게 할 수 있습니다.

10차원의 과학기술이면
중간 규모의 우주 함선들을 건조할 수 있습니다.
10차원의 과학기술이면 인공 태양을 만들 수 있으며
자급자족할 수 있는 도시를 지하에 건설할 수 있습니다.

12차원의 과학기술이 되면
기의 세계에 있는 차크라 시스템과
경락 시스템에 접근할 수 있습니다.
12차원의 과학기술이 되면
기의 세계의 층위에 있는
생명체의 감정선과 의식선에 접근할 수 있게 됩니다.

12차원의 과학기술이 되면
행성을 탄생시키는 막인 시간의 막과
생명 탄생의 막에 접근할 수 있습니다.
12차원의 과학기술이 되면
대형 우주 함선을 건조할 수 있으며
블랙홀과 웜홀 등을 통해
은하와 은하를 여행할 수 있습니다.

과학기술이 고도로 발달한 행성들이 행성의 진화를 하다가
행성간의 전쟁이나 은하간의 전쟁 등을 통해
멸망하게 되는 경우가 발생하게 됩니다.

과학기술이 고도로 발달한 행성들에서
과학기술의 남용으로 인하여
창조주의 영역을 침범하는 경우나
과도한 과학실험으로 인하여
생명체의 돌연변이 등으로
행성이 멸망하는 경우가 발생하게 됩니다.

과학기술 문명이 고도로 발달한 행성에서
행성의 과학기술 문명을 담당했던
행성의 영단 관리자들이
행성의 멸망에 대한 우주적 카르마를 해소하기 위해
행성을 다시 재건하기 위해
지구 행성의 영단에 죄인의 신분으로 초대되었습니다.

물질문명이 발달한 행성에서 온 영혼들인
영단 관리자들과 과학자 그룹들은
자신들의 행성에 있는 과학기술들을
지구 행성에 펼쳐 놓게 되었습니다.

지구 행성에 펼쳐진 과학기술 문명들은
지구 행성의 영단에서 과학기술 문명들을 담당하던
영단 관리자들의 관리와 통제속에 지구 행성에 펼쳐졌습니다.

지구 행성에 펼쳐진 과학기술 문명은
지구 행성의 어둠의 정부와의 긴밀한 협조속에
하늘의 통제속에 이루어졌습니다.
지구 행성에 펼쳐진 과학기술 문명은
외계 행성에서 온 과학자 영혼 그룹에 의해
주도적으로 진행이 되었습니다.
지구 행성의 과학기술 문명을 주도했던 인물들의 대부분이
외계 행성에서 지구 행성에 초대된 과학자 그룹들입니다.

지구 행성에 초대된 과학자 영혼 그룹들은
하늘의 철저한 관리와 통제속에 있습니다.
지구 행성에 초대된 과학자 영혼 그룹들은
지상에 있는 어둠의 정부 인사들을 통해
철저한 관리와 통제속에 있습니다.
지구 행성의 어둠의 정부들과 어둠의 일꾼들은
하늘의 철저한 관리와 통제속에 있습니다.

지구 행성에 자신들의 우주적 카르마를 가지고
지구 행성에 초대된 과학자 영혼 그룹들은
그동안의 지구 행성의 과학기술 문명에
핵심적인 역할을 맡아 왔습니다.

지구 행성에 자신들의 우주적 카르마를 가지고
지구 행성에 초대된 과학자 영혼 그룹들은
지구 행성의 차원상승과 지축의 정립 과정에서
지구 행성의 물질문명이 붕괴된 이후에
지구 행성의 물질문명을 재건하는 역할이 있습니다.

지구 행성에 자신늘의 행성의 멸망에 따른
우주적 카르마를 가지고
지구 행성에 초대된 과학자 영혼 그룹들은
지구 행성이 자미원이 되는 과정에 참여하여
공을 세우는 방법을 통해
자신들의 카르마를 해소하게 될 예정입니다.

자신들의 우주적 카르마가 모두 해소된
과학자 영혼 그룹들은
지구 행성의 차원상승 과정과
지구 행성이 자미원이 되는 과정에서
자신들의 타임라인에 따라
자신들이 있어야 할 곳으로
자신들이 가야할 곳으로 운명들이 정해질 예정입니다.

오랜 시간 동안

칠성줄을 잡고 태어난 죄인의 신분으로

지구 행성에 초대되어

지구 행성의 과학의 역사와 함께해준

과학자 영혼 그룹에게

고마움과 감사함을 전합니다.

그동안 수고 많으셨습니다.

희생하는 삶의 가치 은하철도 999

욕심은 없고 결코 성내지 않으며
언제나 조용히 웃고 있어
남쪽에서 죽어가는 사람 있으면
가서 겁내지 말라고 일러주고
북쪽에 싸움이나 송사 있으면
부질없는 것이니 그만두라 말하고
모두에게 멍청이라 불리고
칭찬도 듣지 않고
골칫거리도 되지 않는
그런 인간이 나는 되고 싶다.

- 미야자와 겐지 (비에도 지지 않고 中)

미야자와 겐지는
일본이 제국주의 침략전쟁을 하던 시기에
일본에서 농민운동을 했던 사람입니다.
폐결핵에 걸려 죽는 그 순간까지
농민들보다 더 좋은 음식을 먹지 않겠다고 하며
변변치 못한 음식을 먹고 지냈습니다.
자신의 자비를 들여 출판한 책이
5권 밖에 팔리지 않았으며
농민운동을 하다 쓸쓸히 죽었습니다.

자신의 철학을 끝까지 지켰던
무명의 농민운동가였던 이 사람이
우리가 잘 알고 있는 은하철도 999의 원작자인
미야자와 겐지의 삶이었습니다.

미야자와 겐지는
부유한 전당포집 아들로 태어났습니다.
아버지처럼 살지 않겠다고
집을 떠나 농민운동을 하다
37세의 젊은 나이로 세상을 떠났습니다.

희생하는 삶의 가치
미야자와 겐지가 평생동안 지키고자 했던
삶의 가치입니다.
희생하는 삶의 가치
그가 평생동안 지키고 간직해 온 철학입니다.

그가 죽은 후
그의 친구들이 글을 모아
한 편의 동화책을 출판하게 됩니다.
'은하철도의 밤'이라는 이 동화책은
은하철도 999라는 만화 영화의 모티브가 되었습니다.
은하철도의 밤은
은하철도 999라는 만화 영화를 통해
전세계의 사람들에게 알려지게 되었습니다.

은하철도 999를 통해

어린이들은 우주 여행의 꿈을 꾸게 되었으며

우주에 대한 호기심과 상상력을 키우게 되었습니다.

은하철도 999를 통해

인류의 의식은 지구 대기권을 벗어나게 되었으며 확장되었습니다.

은하철도 999를 통해

안드로메다 은하를 알게 되었으며

우주에 대한 상상력을 키울 수 있게 되었습니다.

은하철도 999의 만화 영화를 보던 어린 아이가

어른이 된 지금

인류기 기지고 있는 우주에 대한 의식 수준은

그 시절보다 나아진 것이 별로 없습니다.

안드로메다 은하는

우리 은하인 네바돈 은하 주변에 위치해 있습니다.

안드로메다 은하는

우리 은하인 네바돈 은하보다

먼저 창조되었습니다.

안드로메다 은하는

물질문명과 정신문명 모두가

네바돈 은하보다 앞서 있는 은하입니다.

안드로메다 은하는

정신문명이 발달한 은하입니다.

은하철도 999에서 안드로메다 은하는
물질문명이 발달한 은하로 소개되었습니다.
안드로메다 은하는
휴머노이드 계열 인종이 건설한 문명 중에
정신문명이 가장 발달한 은하입니다.

은하철도의 밤이라는 동화책을 썼던
미야자와 겐지는 실제로 안드로메다 행성에서 온 영혼입니다.
미야자와 겐지의 우주적 신분은 12차원 4단계의 영혼입니다.
미야자와 겐지는 안드로메다 은하의 한 행성에서
물질문명보다는 정신문명을 꿈꾸었던 인물이었습니다.

희생하는 삶의 가치는
미야자와 겐지가 자신의 행성에서 꿈꾸었던 철학적 가치였습니다.
정신문명을 추구했던 철학자였으며
정신문명을 추구했던 운동가였습니다.
정신문명을 추구했던 자신의 행성이
물질문명만을 추구하게 되었으며
물질문명의 부작용으로 인해
자신의 행성이 멸망하는 과정을 지켜볼 수밖에 없었던 아픈 기억이
은하철도의 밤이라는 동화책의 모티브가 되었습니다.

은하철도의 밤은 성인들을 위한 동화입니다.
은하철도의 밤은 불교의 화엄사상을 담고 있습니다.
은하철도의 밤은 희망을 꿈꾸는 우주 이야기입니다.

은하철도의 밤은
미야자와 겐지의 행성의 아픔을 담은
행성의 역사이자 우주의 역사를 담고 있습니다.

은하철도의 밤에 등장하는 조반니와 캄파넬라는
은하철도 999에서는
철이와 메텔의 캐릭터로 각색되어 등장합니다.
은하철도 999에서
철이의 캐릭터는 미야자와 겐지의 모습이 반영된 것입니다.
메텔의 캐릭터는 미야자와 겐지가
자신의 행성에서 정신적 지도자로 따랐던 스승을
모티브로 해서 탄생되었습니다.

만화 영화로만 알려져 있던
은하철도 999의 이야기 뒤에는
은하철도의 밤이라는 동화책이 있습니다.
은하철도의 밤에는
희망과 꿈이 있는 동시에
미야자와 겐지의 아픔과 좌절이 담겨 있으며
우주의 슬픈 이야기를 담고 있습니다.

외계 행성에서
자신의 행성의 카르마를 가지고
지구 행성에 들어와 살고 있는 영혼들에게
이 글을 우데카 팀장이 전합니다.

외계 행성에서 온 영혼들의 미래

외계 행성에서 지구 행성에 들어와 살고 있는
영혼 그룹들은 다음과 같습니다.

첫번째 영혼 그룹
자신이 살고 있던 행성이 멸망한 후
자신의 행성의 멸망에 책임이 있는 일반 영혼들과
행성 영단의 관리자들이
자신들의 우주의 카르마를 해소하기 위해
우주의 감옥 행성인
지구 행성에 들어와 살고 있습니다.

우리 은하의 스타게이트인 북두칠성을 통하여
칠성줄을 잡고 태어난 영혼 그룹입니다.
이들 영혼 그룹은 75억의 지구 인류 중에
약 12% 정도에 해당됩니다.

이들 영혼 그룹은
자신의 우주적 카르마를 지구 행성에서 해소하고
자신의 행성을 재건하기 위해
자신의 고향별로 돌아가야 하는 영혼들이 있습니다.

두번째 영혼 그룹

개방형 은하에서 자신들의 행성의 멸망으로
우주 해적으로 살면서
우주의 카르마를 쌓은 영혼 그룹들이
하늘에 의해 강제적으로 지구 행성에 끌려와서
자신들의 카르마를 풀고 있는 영혼 그룹이 있는데
이들을 우주 해적이라고 합니다.

지구 행성의 75억의 인류 중에
약 4%에 해당되는 숫자가
우주 해적이라는 신분을 가지고 있습니다.
지구 행성이 감옥행성인 이유가 여기에 있습니다.
우주의 범죄자들을 모두 지구 행성에 모아놓고
그들이 저지른 악행들과 범죄들을
지구 행성에 그대로 재현하게 하였습니다.

전세계에서 활동하는
마피아 조직, 야쿠자 조직, 조직 폭력배들의 근원은
우주 해적들이 그 역할을 하고 있습니다.
우주 해적들은 지구 행성에서 지하 경제나 유흥업에 종사하면서
자신들의 카르마를 해소하고 있는 중입니다.

우주 해적들에 해당하는 영혼 그룹들은
아무것도 모르는 채
자신의 삶을 소모적이고 소비적으로 살고 있습니다.

세번째 영혼 그룹

지구 행성에 특수 목적을 가지고 들어온 영혼 그룹들이 있습니다.

대우주에 호모 사피엔스(인간)를 입식하기 위해 준비된

영혼 그룹들이 있는데 이들을 스타시드(starseed)라고 합니다.

75억 지구 인류 중에 약 1% 정도 됩니다.

지구 행성에 들어와 살고 있는

외계 행성에서 온 영혼들의 미래는 다음과 같습니다.

첫번째 - 영의 소멸을 앞두고 있는 그룹

지구 행성에서 자신의 카르마를 모두 해소하고 나면

우주의 사법 절차에 의해

영혼의 소멸이 예정되어 있는 그룹을 말합니다.

두번째 - 지구에서 윤회를 반복하는 그룹

지구 행성에서 자신들의 카르마가 해소되지 못해

지구 행성을 한발짝도 벗어나지 못하고

지구 영단에서 카르마가 모두 해소될 때까지

윤회를 계속해야 되는 그룹이 있습니다.

이들은 지구 차원상승 과정에서 육신의 옷을 벗은 뒤

지구 행성에서 살면서

자신들의 카르마가 모두 해소된 영혼들부터

자신들의 행성으로 돌아가기로 예정된 그룹이 있습니다.

세번째 – 자신의 행성으로 복귀하는 그룹

자신들의 카르마가 모두 해소된 영혼 그룹으로

지구 행성의 차원상승 과정에서 육신의 옷을 벗고

자신들의 고향별로 돌아가서

자신들의 행성을 재건해야 하는 영혼 그룹들이 있습니다.

외부지원팀의 미래와 운명에 대한 세부적인 내용은 다음과 같습니다.

첫번째 – 영혼이 소멸되기로 예정된 그룹

우주적 사법 절차를 마치고

영 에너지와 혼 에너지가 소멸(초기화)되기로 결정된 그룹입니다.

영과 혼은 짝이 되어 물질 체험을 하기 때문에

영뿐만이 아니라 혼도 에너지 초기화 과정을 거쳐 소멸됩니다.

영혼이 소멸되기로 결정난 영혼들이

왜 굳이 지구 행성까지 와서 카르마를 풀고 소멸되어야 하는가?

그 이유는 다음과 같습니다.

1. 하늘의 입장에서 카르마를 해소하는 과정을 통해
   그 영에게 무엇이 문제였는지를 알고자 함이 있습니다.
   어떤 모순이 문제를 일으켰는지 이해시키기 위함입니다.
2. 영 에너지를 초기화할 때 카르마 에너지가 남아 있으면
   초기화하는 과정에서 그만큼의 많은 빛이 소모됩니다.
   그 빛을 줄이고자 하는 측면이 있습니다.

지구에 유입된 외부지원팀의 12% 중에
영혼의 소멸이 결정난 인자는 몇 %나 되는가?

지구에 유입된 외부지원팀 12% 중에
영단 관리자는 28%
일반 영혼(행성주민)들은 72%를 차지하고 있습니다.

이 중 영혼의 소멸이 결정난 그룹의 퍼센트는
영단 관리자는 6%
일반 영혼들의 12%는 소멸이 될 예정입니다.

두번째 - 지구 행성을 떠나지 못하는 영혼 그룹
지구에서의 실적을 보고
세부 향방이 결정되는 영혼 그룹입니다.

우선 이 그룹의 영단 관리자들은
자신의 모순을 인정하지 못하는 측면이 있습니다.
자신의 사고조절자 오류를 인정하지 못하여
지구에서의 삶을 통해
자신의 오류를 체험하면서 터득하게 하려는 것이
하늘의 의도였습니다.
그럼에도 불구하고
자신의 모순을 인정하지 못하는 영혼은 소멸로 갈 예정이며
자신의 모순을 인정하고 교정이 가능한 영혼들은
지구에서의 수행평가에 따라 향방이 결정될 예정입니다.

영단 관리자들의 사고조절자의 영점 조정이
너무 치우쳐져 있어
회복이 잘 되지 않고 있기 때문입니다.
이 그룹에 속한 이들은
대부분 영단 최고 관리자들인 경우가 많으며
지구에서의 삶의 목적이
카르마 해소와 자신의 향후 행방을 결정짓기 위해 온 것입니다.

자신들의 모순에 대한 정보는 구했으나
이 모순이 해결될 수 있는가를 지켜보는 입장입니다.
지구에서의 삶을 통해 교정이 가능하다고 판단되면
지구 영단에 더 님아
교정 프로그램을 진행하게 될 것이며
자신의 모순을 인정하지 못하여
회복이 불가하다고 판단되면
영혼의 소멸로 가게 될 것입니다.

행성의 멸망에 큰 역할을 했던 행성 주민들은
일반 영혼 그룹에 속합니다.
집단적으로 악행을 저질렀던 일반 영혼 그룹에 대한
하늘의 결정이 아직 내려지지 않았습니다.
이들이 다른 행성으로 뿔뿔이 흩어져
기존 세력과 함께 물질 체험을 할 수 있을 거라는 생각은
하늘도 하고 있지 않습니다.

최종 사법절차가 결정나지 않은 영혼 그룹은

영단 관리자는 10%

일반 영혼들은 34%가 됩니다.

이들 그룹은 자신의 카르마를 지구 행성에서 온전하게 해소하고

자신들의 영혼의 모순들이 온전하게 해소되기 전에는

지구 행성을 단 한발짝도 벗어날 수 없는 영혼 그룹들입니다.

세번째 - 자신의 행성으로 돌아갈 영혼 그룹

자신들의 우주적 카르마가

모두 해소된 영혼 그룹이 여기에 해당됩니다.

영단 관리자는

자신의 행성으로 돌아가는 자와

다른 행성(신규, 리셋된 중고행성 등)으로 발령나기 위해

준비할 자가 있습니다.

일반 영혼들도 자신의 행성으로 바로 돌아가

물질 체험이 준비된 영혼들과

이웃 행성으로 재배정이 이루어질 영혼들이 있습니다.

영단 관리자들은

주로 앞으로 영단의 미래를 책임지게 될 관리자들로

관리자 입장에서 사고조절자가 한쪽으로 너무 치우쳐지지 않은

(영점 조정이 많이 벗어나지 않은) 관리자 영혼들이며

하늘의 입장에선 그들의 모순이 무엇인지

앞으로 그들에게 필요한 것은 무엇인지가 파악되어

지구행성을 졸업한 후의 일정까지
모두 구체적으로 계획된 영단 관리자들을 말합니다.

미래가 결정된 영혼 그룹의 퍼센트는
영단 관리자는 12%
일반 영혼은 26%가
지구 차원상승 과정에서 육신의 옷을 벗고
지구 영단을 떠나 자신들의 행성으로 돌아가게 될 것입니다.

우주 해적들에 대해서는 별도의 주제로
그들의 미래를 다루게 될 것입니다.
스타시드들은 카르마들이 없기 때문에
스타시드들의 일정에 따라 자신들의 고향별로 돌아가게 될 것입니다.

이 글은 외계 행성에서 지구 행성에 들어와 살고 있는
12%에 해당하는 외부지원팀의 미래에 대한 기록입니다.

하늘과의 소통속에 하늘과의 조율속에
우데카 팀장이 이 글을 기록으로 남깁니다.

우주 해적에 대한 정리

개방형 은하계에서
개방형 항성계에서
개방형 행성들이 대우주 곳곳에서 운영되고 있습니다.

개방형 은하란
은하 중 일부 항성계들 사이에서 행성간의 교류가 있으며
스타워즈 속 이야기처럼
여러 행성과 여러 문명이 공존하는 방식으로
물질 체험을 하는 공간을 말합니다.

개방형 은하의 행성 영단들은 독립성을 유지하거나
주변 행성과의 관계를 고려하여
행성의 로드맵을 짜서 행성을 운영하게 됩니다.
개방형 은하의 영단 관리자들은
행성간에 형성된 카르마들을 고려하여
행성을 운영하고 관리해야 하는 어려움이 있습니다.

개방형 은하에서 행성간의 전쟁 등으로 인하여
자신의 행성이 멸망을 하거나
자신의 행성이 다른 행성에 식민지배를 받게 되어
자신의 행성에서 살지 못하고 쫓겨나게 되는 경우가 발생합니다.

개방형 은하에서

자신의 행성에서 살지 못하고

자신의 행성에서 영혼의 물질 체험을 하지 못해

우주 함선에 탑승하여 살아가는 생명체들이 존재하게 됩니다.

이들은 행성과 행성간에 이루어지는 무역을 담당하는

우주 함선들을 약탈하면서 생활을 하게 되는데

이들을 우주 해적이라고 합니다.

우주 해적들은 자신들보다 과학기술이 떨어져 있는 행성들을

침략하거나 약탈을 하면서 생활을 하는 존재들입니다.

우주 해적들은 행성의 주민들과

그 행성의 지도자들로 구성되어 있습니다.

지구 행성에는 75억 인구 중에 약 12% 정도가

외계 행성에서 온 영혼들입니다.

지구 행성에는 12%의 외계 행성의 영혼과는 별도로

우주에서 해적으로 살다가

하늘에 의해 지구 행성에 유배된 영혼들의 숫자가

약 4% 정도 더 있습니다.

약 3억명 정도의

우주 해적의 카르마를 가진 영혼들이

지구 행성 곳곳에서 인간으로 태어나 살고 있습니다.

우주 해적들 중에는

생계를 위해 해적 행위를 하는 경우가 있습니다.

우주 해적들 중에는 생계를 위해 해적질을 하는 것이 아니라
타행성을 재미삼아 침입하고
재미삼아 약탈을 하며
자신들의 힘을 과시하는 악명 높은 해적들이 있습니다.

우주 해적들 중에는 자신들의 행성이 있음에도 불구하고
다른 행성의 좋은 것들을
정상적인 무역을 통한 거래가 아닌 방법으로
해적질을 통하여 강제로 약탈을 하거나
비밀리에 밀무역을 하는 해적들이 있습니다.

대우주가 급속도로 팽창하던 우주의 6주기에
머리가 좋고 생명체의 외투가 매우 강하게 설정된
렙탈리언 종족이나 파충류 종족들이 대거 출현하였습니다.
우주 해적들은 대부분 개방형 은하에서
파충류 인종과 렙탈리언 인종들에게서 발생하였습니다.

파충류의 외투를 가진 종족들의 평균 지능은
IQ가 300 정도로 머리가 좋고
육체적인 조건 또한 좋게 셋팅되었습니다.
과학기술의 발달을 쉽게 이루었으며
정신문명보다는 물질문명이 더 발달하였습니다.
파충류 인종들 중에서 렙탈리언 종은
가장 머리가 좋고 성격이 가장 포악하여
다른 종들을 식인을 하기도 하였습니다.

행성의 영단에서 이들의 관리가 이루어지지 않게 되면서
이들은 자신의 이기적인 욕망과 자만과 교만에 의해
악명 높은 우주 해적들이 되어 갔습니다.
대우주가 6주기를 진화해 오는 동안에
파충류 인종과 렙탈리언 인종들에 의해 탄생된 우주 해적들이
우주에서 골칫덩어리가 되었습니다.

우주 해적들의 횡포들이 심해지면서
정상적인 진화를 해오던 개방형 은하의 다른 행성들의
고유한 진화 여정이 정상적으로 이루어지지 못함에 따라
창조주의 명령으로
우주 해적들에 대한 대대적인 검거가
우주 연방함선과 우주 군인인 아보날 그룹에 의해 진행되었습니다.

우주 해적들은 모두 검거되고 체포되어
우주의 감옥행성인 지구 행성의 영단으로 보내졌습니다.
우주 해적으로 활동하던 영혼들은 모두 죽음을 맞이하였습니다.
우주 해적들의 영혼들은 자신이 저지른 카르마를 해소하기 위해
지구 행성으로 유배되어 왔습니다.

지구 영단에 입식된 우주 해적의 영혼들은
칠성줄을 타고 감옥행성인 지구 행성에
인간이라는 육신의 옷을 입고 태어나 살고 있습니다.
우주 해적의 영혼들은 오직 자신들의 카르마를 해소하기 위해
지구 행성에 태어나 살고 있습니다.

우주 해적의 영혼들의 지구 행성에서의 삶은
생산적이지 못하고 소모적인 삶을 살도록 프로그램 되었습니다.
우주 해적들의 지구 행성에서의 삶은 다음과 같습니다.

첫째

역사적으로는 바이킹족의 삶이나
남의 나라를 침탈하는 해적으로의 삶으로 펼쳐졌습니다.
원시 부족들 사이에 존재했던
잔혹한 전쟁을 통해 식인 문화 등을 통해
우주 해적들의 카르마들이 지구 행성에 펼쳐졌습니다.
지구 행성의 역사에서
노예 제도를 통하여
신분 제도를 통하여
전쟁을 통하여
우주 해적으로 살던 영혼들은 주로 피해자의 삶을 통해
자신들의 카르마들을 해소하는 삶을 살았습니다.

둘째

우주 해적들의 카르마로
현대의 삶에서는 마피아나 조직 폭력배의 삶을 사는
영혼들이 있습니다.
마약 조직에 몸을 담고 있거나
지하 경제에서 어둠의 역할을 통해
약물 중독 등을 통해 소모적인 삶을 통해
자신들의 카르마들을 해소하고 있습니다.

셋째

어둠의 정부의 일을 돕는 하부 조직에서
어둠의 정부의 일을 돕는 역할을 하고 있습니다.
거짓 선지자의 역할을 수행하고 있으며
각종 범죄에 연루되어 소모적인 인생을 살고 있는 사람들이 많습니다.
사회적 약자로서의 경험을 통해
자신들의 카르마를 해소하는 경우가 많습니다.

우주 해적으로 지구 행성에 살고 있는 영혼들은
지구 행성에서 자신들의 카르마를 모두 해소하고 나면
우주의 사법 절차에 따라 판결이 이루어지게 됩니다.

첫째

영혼이 소멸되는 과정을 밟게 됩니다.
너무나 짙은 어둠을 체험하고
너무나 큰 카르마가 있는 영혼들은
지구 차원상승이 끝난 후
영혼의 소멸이 예정된 영혼들이 있습니다.
3억명 중 약 25%에 해당되는 영혼들이
영혼의 소멸이 이루어질 예정입니다.

둘째

지구 행성에서 카르마를 모두 해소한
우주 해적의 역할을 한 3억명 중 약 30%에 해당되는 영혼들이
다른 행성으로 재배치될 예정입니다.

셋째

카르마를 다 해소하지 못해

지구 행성을 떠나지 못하는 영혼 그룹들은

약 3억명 중 45%가 해당됩니다.

이들은 지구 행성을 한 발자국도 벗어나지 못할 것이며

지구 행성에서 윤회를 계속하게 될 예정입니다.

이들은 다시 3그룹으로 분류되어

카르마가 해소되는 대로

다른 행성으로 재배치될 예정입니다.

감옥행성인 지구 행성에서

자신들의 카르마를 해소하기 위해

소비적인 삶을 살고 있는

우주 해적의 카르마를 가지고 살고 있는

외계 행성에서 온 영혼들에게

수고했다고

고생했다고

위로의 말을 전합니다.

우주 해적에 대한 정리의 필요성이 있어

하늘과의 조율속에

하늘과의 소통속에

우데카 팀장이 이 글을 기록으로 남깁니다.

카르마가 없는 영혼들의 특징

카르마는 영혼이
행성 영단의 윤회 시스템 속에서
영혼의 물질 체험이 이루어질 때 발생합니다.

행성의 영단에 주민등록이 편입되지 않고
일시 여행객으로 들어와서
자신의 임무와 역할을 수행하고 가는
영혼 그룹들이 있습니다.

지구 행성의 차원상승 프로젝트에는
참 많은 영혼 그룹들이 참여하고 있습니다.
아보날 그룹이나 외계 행성에서 온 영혼들은
지구 행성의 원주민이 아닙니다.
자신들의 특수 임무를 위해서
지구 행성에 특수한 목적을 가지고
영혼의 물질 체험을 하고 있는 영혼 그룹입니다.

아보날 그룹이나 외계 행성에서 온 영혼 그룹들은
테라 프로젝트에서 길게는 250만 년에서
짧게는 100만 년 정도로
참여한 기간이 영혼 그룹마다 다릅니다.

테라 프로젝트에 참여한 기간이 긴 영혼 그룹일수록
지구 행성의 윤회 시스템 속에서 카르마의 법칙 속에서
자신들의 임무와 역할이 집행됩니다.

빛의 일꾼 그룹인 아보날 그룹과
외계 행성에서 온 영혼들은
지구 행성의 영단에 임시 등록이 이루어진 뒤
윤회 시스템에 합류하면서 작전을 수행하고 있습니다.

지구 행성의 차원상승에 투입된 영혼 그룹 중에
지구 영단에 편입되지 않고
임시 등록 상태에서 작전을 수행하고
임무가 완성되면
언제든지 지구 행성을 떠나기로 예정된 영혼 그룹들은
지구 영단의 윤회 시스템에
느슨한 형태로 참여하고 있습니다.

지구 행성의 차원상승에 참여한 영혼 그룹 중에
특정한 시기에 원포인트로 참여하기로 예정된
영혼 그룹들이 있습니다.
이들은 지구 영단에 편입되지 않은 상태로
특수한 작전을 수행하고 있습니다.
이들 영혼 그룹들은 지구 영단에 머문 시간이
2000년 미만으로 매우 짧은 특성이 있습니다.

지구 영단의 윤회 시스템에 영향을 받지 않아
카르마를 생성하지 않는 영혼 그룹들 중에
차원 관리자 그룹들이 있습니다.
차원 관리자 그룹들은
자신들의 차원을 지키고 관리하는 전문 행정 요원입니다.
영혼의 물질 체험을 통한 영혼의 진화를 하는 것이 아닌
지구 행성에서 특수한 시점에
특수한 역할을 수행하기 위해
지구 행성에 특수한 목적을 가지고 파견된 영혼 그룹입니다.

차원 관리자들은
헹성의 영단에 들어와서 윤회 프로그램을 짤 때
카르마를 남기지 않는 삶으로 설계가 됩니다.
한 행성에서 3번에서 5번 이내의 삶 속에서
해소할 수 있는 카르마들이 짜여지고
카르마를 짓지 않고
자신들의 임무와 역할을 위해 파견된 영혼 그룹들입니다.

차원 관리자들의 지구 행성에서의 삶은 평범하게 프로그램되며
자신의 임무와 역할을 수행하기 위해
꼭 필요한 것들만을 체험하는 프로그램이 작동됩니다.

빛의 일꾼들을 돕는 협력자 그룹으로
많은 수의 차원 관리자들이 자신들의 임무 수행을 위해
지금 이 시간 한반도에 태어나 살고 있습니다.

이들은 카르마가 없으며
카르마가 있더라도 자신의 특수 임무 수행에 지장을 주지 않도록
특별하게 카르마 관리가 이루어지고 있는 영혼 그룹입니다.

차원 관리자들은 카르마가 없기에
자신들이 깨어나야 할 시기에 정확하게 깨어나
자신들의 임무를 수행할 수 있도록
만반의 준비를 갖추고 있는
빛의 일꾼이자 하늘 사람들입니다.

차원 관리자들은 카르마가 없기에
본영들이 아바타에게 미치는 영향이 크게 작용하기 때문에
카르마가 많은 일반 빛의 일꾼들에 비해 변수가 적습니다.

차원 관리자들은 특수 목적을 가지고
지구 행성에 파견된 14차원과 12차원 관리자들을 말합니다.
지구 행성의 자미원의 건설을 위해
지구 행성에 선발대로 파견된 하늘 사람들입니다.

차원 관리자들은 카르마가 없기에
깨어나야 할 시기에 반드시 깨어나
하늘 일을 해야 하는 특수한 영혼 그룹입니다.
깨어나야 할 시기에 깨어나지 못해
자신의 임무와 역할을 수행하지 못하면
더 이상 지구 행성에 머물 이유가 없는 영혼 그룹입니다.

차원 관리자 그룹이
깨어나야 할 시기에 깨어나지 못해
자신의 임무와 역할을 수행하지 못하게 되면
얼마의 시간이 주어지고
그 시간에 육신의 옷을 벗고 죽어야 합니다.

차원 관리자들이 죽고 나면
지구 영단에 머무는 것이 아니라
자신의 차원으로 돌아가야 하며
그곳에서 징계 절차를 밟게 됩니다.

대극이나 무극에서
지구 행성에 특수한 목적을 가지고
짧은 시간 동안 육화하여
자신들의 임무와 역할을 위해
땅으로 내려온 하늘 사람들이 있습니다.
이들 또한 카르마로부터 보호되며
자신의 임무와 역할에 꼭 필요한
영혼의 물질 체험을 하는
하늘 사람들이 있습니다.

지구 행성의 지축의 정립 이후에
지구 행성의 물질문명의 종결 이후에
지구 행성에 새로운 정신문명과 물질문명의 재건을 위해
외계 행성에서 지구 행성에 파견되는 영혼 그룹들이 있습니다.

이들 영혼 그룹들 또한 자신들이 지구 행성에 머무는 동안

카르마를 남기지 않도록

지구 영단에서 충분한 교육을 받고

지구 행성에서 자신들의 임무와 역할을 수행하게 될 예정입니다.

지구 행성의 차원상승을 돕기 위해

지구 행성이 자미원이 되는 것을 돕기 위해

지구 행성에서 고생하고 있는

하늘 사람들의 노고와 헌신에

우데카 팀장이 감사함과 고마움을 전합니다.

무극이나 태극에서 온 영혼 그룹들의 건승을 빕니다.

차원 관리자들의 건승을 빕니다.

차원 관리자 그룹에 대한 정리

우주는 1차원에서 18차원으로 되어 있습니다.
각 차원마다 차원을 관리하는 존재들이 있는데
이들을 차원 관리자들이라고 합니다.

1차원부터 12차원은 물질이 존재하는 차원이며
차원마다 15단계로 구성되어 있습니다.
차원마다 관리자가 존재하고 있습니다.

차원 관리자들은 일반 영혼들과는 달리
영혼의 물질 체험을 통해 진화하는 영혼이 아닙니다.
차원 관리자들은 16차원에서 영이 탄생될 때부터
특별한 사고조절자가 부여되며
진리의 영과 거룩한 영 역시
차원을 관리하는 영으로 최적화되어 탄생됩니다.

차원 관리자들 중에는
행성의 영단을 관리하고 운영하는 존재들이 있습니다.
차원 관리자들 중에는
항성(태양)의 영단을 관리하고 운영하는 존재들이 있습니다.
차원 관리자들 중에는
은하나 은하단을 관리하고 운영하는 존재들이 있습니다.

차원 관리자들 중에는
요정이나 정령들을 관리하는 존재들이 있습니다.
차원 관리자들 중에는
천상정부에 소속되어 하늘의 일을 하는 존재들이 있습니다.
차원 관리자들 중에는
웜홀이나 블랙홀 등을 관리하거나
은하나 행성의 스타게이트를 관리하는 존재들 또한 있습니다.

차원 관리자들 중
가장 최고의 기구는
창조주의 명령을 받고 수행하는
18차원의 우주 연방함선입니다.

차원 관리자들 그룹은 모든 차원에 존재하고 있으며
자신이 속한 차원을 관리하고 있습니다.
차원 관리자들은 창조주를 대행하여
우주의 차원을 관리하고 운영하고 있는 하늘의 천사들을 말합니다.

차원 관리자들은
영혼의 물질 체험을 통해 진화하는 영혼이 아닙니다.
차원 관리자들이 육화를 하는 것은 자주 있는 일이 아닙니다.
대우주에서 특별한 이벤트나 특별한 프로젝트가 진행이 될 때에만
육화를 통해 그 프로젝트에 참여하게 됩니다.
차원 관리자들은 에너지체들입니다.
차원 관리자들은 하늘의 천사들입니다.

차원 관리자들 중에서
지구 행성의 차원상승을 위해
지구 행성의 자미원의 건설을 위해
12차원과 14차원을 관리하는
차원 관리자들 중 극소수가
빛의 일꾼 프로그램에 참여하고 있습니다.

12차원을 관리하는 차원 관리자들은
14차원의 아보날 그룹들 중
중간 간부들을 보좌하는 임무를 수행하는
빛의 일꾼으로 참여하고 있는 특별한 존재들입니다.

14차원을 관리하는 차원 관리자들은
아보날의 수여를 집행하는
아보날 그룹의 최고 수뇌부들을 보좌하기 위해
빛의 일꾼의 신분으로 지구 행성의 차원상승에 참여하고 있습니다.

12차원과 14차원의 차원 관리자 그룹들은
지구 행성에서 영혼의 물질 체험을 통한
영혼의 진화를 목적으로 태어나 살고 있는 것이 아닙니다.
12차원과 14차원의 차원 관리자 그룹의 숫자는 많지 않습니다.

자신의 우주적 신분이 12차원과 14차원의 차원 관리자라면
아보날의 수여를 준비해야 하는 특수 목적을 가지고
지구 행성에서 작전 중에 있는 아주 특별한 영혼입니다.

12차원과 14차원 관리자 그룹들은
하늘에서 준비한 빛의 일꾼들이며
이들 그룹의 의식을 깨우기 위해
이들 그룹의 훈련을 시키기 위해
빛의 생명나무는 존재하고 있습니다.

차원 관리자 그룹이 작전 중에
의식이 깨어나지 못할 경우
삶의 프로그램이 갑자기 종료되도록 매뉴얼로 준비되어 있습니다.

차원 관리자 그룹은
특수한 목적을 위해 인간이라는 몸을 잠시 입고 있는
하늘의 천사들입니다.
차원 관리자 그룹은 인간으로 산 경험이 많지 않습니다.
카르마와 인연법에서 자유로운 영혼 그룹입니다.

차원 관리자 그룹들 중에
자신의 우주적 신분을 알지 못한 채
의식이 깨어나지 못해
빛의 생명나무에 사전 면접을 보는 과정에서
탈락하는 분들이 있습니다.

빛의 생명나무에서
면접이라도 볼 수 있는 기회가 주어진다는 것은
하늘에서 준비된 빛의 일꾼이라는 것을 의미합니다.

그것도 모르는 채
아무것도 모르는 채
면접의 기회를 너무 쉽게 생각해서
차원 관리자 그룹의 영혼들이 탈락하는 경우가 있습니다.

이들은 예외없이 작전을 수행하다
전사한 영혼으로 기록될 것입니다.
지구 차원상승 과정에서 이들은 하늘의 매뉴얼대로
자연스럽게 자신이 있어야 할 곳으로 돌아가게 될 것입니다.

차원 관리자 그룹들은
창소주께서 주관하는 아보날의 수여를 위해
반드시 의식이 깨어나야 하는 영혼 그룹입니다.
의식이 깨어나지 못해서 훈련받지 못해서
아보날의 수여에 참여하지 못하는 차원 관리자들은
존재의 이유가 사라지게 되는 것입니다.

차원 관리자 그룹의 영혼들은
빛의 일꾼들만큼 힘든 삶을 살고 있습니다.
인간으로 살아본 경험이 거의 없기에
사람 사이의 관계가 원만하지 않은 경우가 많습니다.
사는 것에 재미를 느끼지 못하는 경우가 많습니다.
태어날 때부터
보이지 않는 세계에 관심을 가지도록 프로그램 되었으며
보이지 않는 세계에 큰 거부감이 없는 경향이 있습니다.

차원 관리자들이
깨어나야 할 때 깨어나지 못하거나
훈련받을 때 훈련받지 못하는 경우
세상을 살아야 하는 목적이 사라지는 것이기에
하늘의 매뉴얼대로
하늘에서 약속한 대로
작전에 실패한 군인의 신분을 가지고
지구 행성의 차원상승 과정에서
자연스럽게 육신의 옷을 벗고
있어야 할 곳으로 돌아가게 될 것입니다.

차원 관리자 그룹들의 의식을 깨우기 위한
하늘의 가혹한 프로그램이
2019년 9월 24일부터 시작되었음을 전합니다.

차원 관리자들에 대한
하늘의 소집 명령이 집행 중에 있음을 전합니다.
당신의 의식을 깨우기 위한
하늘의 황금나팔 소리와 함께
당신이 불필요한 자존심을 내려놓을 때까지
하늘의 혹독한 프로그램들이 집행 중에 있음 또한 전합니다.

차원 관리자 영혼 그룹의 건승을 빕니다.

14차원에 대한 정리
물질세계를 졸업한 영혼들의 차원

1. 14차원의 특징

- 1차원에서 12차원의 물질 여행을 마치고
  집으로 돌아온 영혼 그룹이 머무는 차원입니다.
- 우주에서 가장 오래된 일반 영혼들이 머물고 있는 차원입니다.
- 물질계를 졸업한 일반 영혼들이 머물고 있는 파라다이스입니다.
- 14차원 15단계를 천상정부 최고위원회라고 합니다.
- 우주에서는 이들을 아보날 그룹이라고 합니다.
- 우주에서는 이들을 보살이나 부처 또는 미륵이라고 합니다.

2. 물질세상을 졸업한 영혼들의 특성

① 물질세계의 경험들이 총집약되는 차원이기 때문에
   비물질세계에서는 가장 활발하고 생동감 있고
   다양한 데이터를 가지고 있는 차원입니다.
② 우주의 살아있는 이야기가 가장 풍부하고
   많이 저장되어 공유할 수 있는 차원입니다.
③ 아바타에게 가장 강력한 힘을 미칠 수 있는
   본영의 에너지가 결집되어 있는 차원입니다.

3. 14차원의 구성

(1) 물질계를 졸업한 영혼들 중에 행성 관리자가 되기 위해
   준비되는 영혼 그룹이 있습니다.

에너지체를 위한 테스트 사전 훈련 공간에서
오랜 시간 동안 실제 관리자 그룹으로 임명되기 위해 훈련받는
영혼 그룹이 있습니다.

(2). 14차원 천상정부 최고위원회(14차원 15단계 관리자 그룹) :
14차원 이하의 모든 하위 단계를 관리합니다.
- 14차원 차원 관리자 그룹 : 14차원 전체를 관리합니다.

(3) 아보날 그룹 : 행성의 물질문명 종결을 위한 역할을 수행합니다.
인류에게는 빛의 일꾼 또는 문명 종결자라고 알려져 있습니다.

(4) 특수 행정가 그룹 : 행성의 물질 매트릭스 유지를 위해
빛나는 조연 역할을 하기 위해 준비된 그룹
물질계를 졸업한 영혼들로서
각 행성의 영단에 초청되어
그 행성의 물질 매트릭스를 설치하고 운영하는 영혼 그룹으로서
주로 힘들고 난이도 높은 배역이 주어지며
주로 어둠의 역할이나 악명 높은 악역을 담당하고 있습니다.
어둠의 정부의 수장 등을 주로 맡고 있습니다.

(5) 자율 그룹 : 14차원 비물질세계를
에너지체로 체험하고 누리고 있는 그룹이 있습니다.
이들은 시간이 지나면서
영혼에게 부여된 사고조절자의 특성에 맞게
4개 그룹으로 재배치가 이루어집니다.

4. 행성으로 파견되는 그룹

아보날 그룹과 특수 행정가 그룹이 주를 이루고 있습니다.

자율 그룹은 극소수만이 행성으로 파견되며

나머지 4그룹으로 재배치됩니다.

14차원 관리자 그룹이 지상으로 파견되는 경우는

우주의 대전환기에 그 역할을 수행하기 위해

지구와 같은 특별 행성으로 파견이 됩니다.

지구 행성에 자미원을 건설하기 위해

14차원 관리자 그룹이

대거 지구 행성에 들어와 역할이 준비되고 있습니다.

지구 행성에 자미원을 건설하기 위해

14차원의 문명 종결자들인 아보날 그룹들이

빛의 일꾼의 신분으로 지구 행성에 들어와 있습니다.

지구 행성에 자미원을 건설하기 위해

14차원의 특수 행정가 그룹들이

어둠의 정부의 수뇌부로 초청되어 어둠의 역할을 수행하고 있습니다.

5. 아보날 그룹

• 아보날 그룹 중 75% 정도는

16차원에서 영이 탄생되고 사고조절자가 부여될 때

계획적으로 준비됩니다.

나머지 25%는 영이 물질체험 과정에서 준비되거나

14차원으로 진입하였을 때

자율 그룹에서 아보날 그룹으로 선정이 됩니다.

- 지구와 같은 특별 행성에 물질문명 종결을 위해
  아보날 그룹들은 파견이 됩니다.
  그 행성의 윤회 시스템 내에서 행성의 물질 체험을 하게 됩니다.
  물질문명 종결과 안정화까지
  아보날 그룹은 교육, 의료, 치안을 담당하게 됩니다.

- 지구와 같은 특별행성이 아니라도
  행성의 물질문명과 정신문명의 전환기에
  행성에 파견되어 문명 종결자의 역할을 수행하게 됩니다.
  이때 파견되는 아보날 그룹은 프로젝트를 수행하게 되며
  프로젝트가 끝나면 14차원으로 복귀하게 됩니다.
  그래서 이들을 특수 군인 또는 우주 군인이라고 합니다.

- 행성간의 문제와 분쟁이나 은하간의 문제와 분쟁이 생겼을 때
  우주의 군인으로 파견이 되며
  창조주의 명령을 수행하는 우주 군인들을
  아보날 그룹이라고 합니다.

- 일반 행성의 영단에서 14차원에 인원을 요청할 때
  14차원의 관리자 그룹은 아보날 그룹, 특수 행정가 그룹,
  자유 그룹(자율 그룹)을 '3인 1조' 형식으로 파견하게 됩니다.

- 지구와 같은 특별행성에는
  아보날 그룹들이 1단계 ~ 15단계가 모두 파견되어
  작전을 수행 중에 있습니다.

6. 아보날 그룹에 대한 분석

(1) 1단계 ~ 5단계

- 아보날의 하급 관리자 그룹입니다.
- 특별 행성이 아닌 일반 행성의
  물질문명과 정신문명의 전환기에
  단기 파견되는 아보날 그룹이 1단계 ~ 5단계입니다.

(2) 6단계 ~ 10단계

- 아보날의 중간 관리자 그룹입니다.
- 우주 군인으로서 행성과 은하의 문제와 분쟁에 주로 개입하는
  아보날 그룹이 6단계 ~ 10단계입니다.

(3) 11단계 ~ 15단계

- 아보날의 최고 관리자 그룹입니다.
- 15단계에 최고 수뇌부가 존재하며
  14단계와 13단계가 최고 수뇌부 그룹을 지원하고 보좌하는
  리더 그룹이 됩니다.
- 지구와 같은 특별행성에 파견되어
  문명의 종결과 안정화에 중추적 역할을 하게 됩니다.

7. 특수 행정가 그룹(물질 매트릭스의 빛나는 조연)

아보날도 아니고 멜기세덱도 아니지만
물질 매트릭스의 중심에서 제도권 내에서
특수한 어둠의 역할을 하고 있는 그룹입니다.
주로 어둠의 정부의 수장이나 수뇌부의 역할을 맡고 있습니다.

(1) 1단계 ~ 5단계

- 다양한 물질체험을 마쳤기 때문에 균형을 잃어버리지 않고
  노련하게 어둠의 역할을 할 수 있습니다.
- 고차원 영혼의 응축된 핵이 그들에게 있으며
  그들의 역할을 위해 밝은 핵은 최소한만 남겨두고
  짙은 매트릭스를 설치했습니다.
- 이들의 역할은 그들 영혼의
  프로그램 과정을 이수하는 게 아니라
  일반 영혼들의 물질 체험을 더 풍부하게 해주기 위해
  콘텐츠를 보강하기 위한 목적이 있습니다.
- 특별 기획된 전문가 그룹의 성격이 있습니다.
- 어둠의 성향을 가지고 있습니다.
- 인원은 빛의 일꾼 144,000명 기준으로 1%에 해당합니다.

(2) 6단계 ~ 10단계

- 조직에서 리더 역할을 하거나 주도자 역할을 하게 됩니다.
- 대중적으로 드러나는 인물이나 정치, 경제, 사회, 문화를
  주도하는 인물의 역할을 하고 있습니다.
  예를 들면 11차원, 12차원, 13차원, 14차원이
  모두 섞여 있는 곳에서 중심역할을 하며
  구심점 역할을 할 인물입니다.
- 그들의 성향은 잘 드러나지 않으며
  색깔이 없는 듯하며 에너지 상태를 잘 내보이지 않습니다.
- 인원은 빛의 일꾼 144,000을 기준으로 3%에 해당되는 인원이
  지구 행성에서 활동하고 있습니다.

(3) 11단계 ~ 15단계

- 극과 극의 역할을 합니다.
- 대중적으로 사람들에게 최고의 칭찬을 받든지
  사람들에게 최악의 손가락질을 받든지 둘 중 하나이며
  대중적으로 드러나지 않는 인물도 있습니다.
- 일반 사람들에게는 받아들여지지 않는
  기이한 에너지를 가지고 있으며
  발상이나 행동이 보편적이지 않습니다.
  이와는 반대로 사람들의 마음을 깨울 수 있는
  최고의 긍정적인 에너지를 가지고 있는 인물들이기도 합니다.
  물질 체험의 최고의 재미와 물질 체험을 위한 동력과 함께
  최악의 설망을 느끼게 해주는 역할을 하는 인물입니다.
- 인원은 빛의 일꾼 144,000명을 기준으로
  1%에 해당되는 인원이
  지구 행성에서 맹활약 중에 있습니다.

8. 특수 행정가 그룹의 미래

- 물질 매트릭스 유지를 위해
  요소 요소에 최적화된 인물들이 필요했습니다.
  빛나는 조연들이 필요했기 때문에
  물질경험이 가장 풍부한 영혼들 중에
  특수 행정가 그룹을 구성하였습니다.
  이들은 지구 행성에서의 역할이 마무리되면
  14차원으로 복귀하게 됩니다.

9. 자율 그룹
- 14차원 비물질세계를 체험하고 누리고 있는 그룹입니다.
- 행성 영단의 특별 요청 또는 공개적인 모집에 의해
  행성의 물질문명과 정신문명에 관여하게 됩니다.
  그 행성의 윤회 시스템에 영향을 받지 않는
  균형잡히고 노련한 영혼들로서
  주로 14차원 11단계 ~ 15단계에 속하는 영혼들이 담당합니다.
- 이들 자율 그룹은 아보날 그룹과 특수 행정가 그룹에 선발되어
  그들의 역할을 수행하기도 합니다.

14차원에 대한 정리의 필요성이 있어
대우주의 비밀을
하늘과의 조율속에
하늘과의 소통속에
우데카 팀장이
이 글을 기록으로 남깁니다.

빗속을 둘이서 하늘과 함께 걷는 길

아무도 없는 여기서
빗속을 둘이서 함께 걷기로
하늘과 영혼들 사이에
태초의 약속이 있었습니다.

아무도 없는 여기서
아무도 가보지 않은 그 길을
빗속을 둘이서 함께 걷기로
아무것도 없는 여기서
저 돌담길 끝까지
하늘과 함께
빗속을 함께 걷기로
약속한 영혼 그룹들이 있습니다.

아무도 없는 여기서
아무것도 없는 여기서
아무도 알아주지 않는 저 길을
신랑과 신부가 되어
빗속을 둘이서 함께 걷기로
약속한 하늘 사람들이 있습니다.

아무도 없는 여기서
아무것도 없는 여기서
아무도 알아주지 않는 여기서
저 돌담 끝까지
오고 가는 눈빛속에
빗속을 둘이서 말없이 걷기로
약속한 그대가 여기에 있습니다.

아무도 없는 여기서
아무것도 없는 여기서
아무도 알아주지 않는 여기서
잊어버린 약속을 기억해
빗속을 둘이서 걷기로 약속한
하늘 사람들이 여기에 있습니다.

아무도 없는 여기서
아무것도 없는 여기서
아무도 알아주지 않는 여기서
빗속을 둘이서 걷기 위해
하늘이 당신 영혼과의 그 언약을 지키기 위해
하늘이 땅으로 내려왔음을 전합니다.

아무도 없는 여기서
아무것도 없는 여기서
아무도 알아주지 않는 여기서

하늘과의 약속을 지키기 위해
빗속을 혼자 걷고 있는
하늘 사람들과 빛의 일꾼들에게
당신과 함께 빗속을 걷기 위해
하늘이 땅으로 내려왔음을 전합니다.

아무도 없는 여기서
빗속을 혼자 걷고 있는
하늘 사람들에게
하늘이 함께 할 것임을 전합니다.

아무도 없는 여기서
빗속을 혼자 걷고 있는
빛의 일꾼들에게
하늘이 함께 할 것임을 전합니다.

아무도 없는 여기서
오고 가는 느낌속에
하늘의 마음을 노래 한곡으로 전합니다.
그동안 고생 많으셨습니다.

빗속을 둘이서

금과 은

너의 마음 깊은 곳에
하고 싶은 말 있으면
고개 들어 나를 보고
살며시 얘기하렴
정녕 말을 못하리라
마음 깊이 새겼다면
오고 가는 눈빛으로
나에게 전해주렴

이 빗속을 걸어갈까요
둘이서 말없이 갈까요
아무도 없는 여기서
저 돌담 끝까지
다정스런 너와 내가 손잡고
이 빗속을 걸어갈까요
둘이서 말없이 갈까요
아무도 없는 여기서
저 돌담 끝까지
다정스런 너와 내가 손잡고

제4부

한반도의 비밀과 지구의 격변

하늘과 땅이 소통되던 영성의 시대에
지구 행성의 찬란한 정신문명은
한민족에 의해 펼쳐졌습니다.
원시반본이라
지구 행성의 새로운 문명의 중심은
한반도가 될 것이며
새 하늘과 새 땅을 여는 개벽이
한반도에서 시작될 것입니다.

한민족을 위한 메시지

한민족을 천손(天孫) 민족이라고 합니다.
하늘의 자손이라는 자부심이 유대인만큼은 아니어도
고난의 세월을 살아오면서도 그 정신만큼은 잃어버리지 않았습니다.
한민족이 천손 민족이라는 의식은
백성들의 의식에 잠재되어 흐르고 있으며
자부심을 가지고 있습니다.

호모 사피엔스를 통한 현재의 문명의 시작은
한반도 남쪽인 광주 무등산 일대에서 시작되었습니다.
창조주의 원대한 계획들이 한반도를 중심으로 펼쳐졌습니다.
창조주의 에너지(18차원 18단계)를
가장 많이 가지고 있는 민족이 한민족이며
이들을 단지파라고도 부릅니다.

행성의 문명을 열고 문명을 이끌어 나가는
멜기세덱 그룹과
행성의 문명이 종결될 때 출현하는
아보날 그룹들이
마지막 때를 위하여
한반도에 1만 2천명의 빛의 일꾼으로
1만 2천명의 도통군자의 이름으로 준비되어 있습니다.

한민족의 의식을 깨우기 위한

한반도를 중심으로 한

한반도를 시작으로 한

지구 차원상승의 시작을 앞두고 있습니다.

원시반본(原始反本)이라

문명이 시작한 한반도에서

문명을 종결짓기 위한

하늘이 준비한 대격변들이 시작될 것입니다.

이때를 대비하여

한반도에 있는 종교와 문화와 정치 및 경제 분야에

빛과 어둠의 양극성의 매트릭스들이

촘촘하게 설계되어 있습니다.

세계 어둠의 정부의 수장 역시

한반도에 있는 한민족이 맡고 있습니다.

어둠이 가장 짙은 한반도에

정의의 방식이 강하게 작동되는 한반도에

정의보다는 사랑과 자비와 연민의 에너지를 품고 있는

빛의 일꾼들 또한 한반도에 집중되어 있습니다.

빛이 가장 강한 한반도에

어둠 역시 가장 강하게 존재하는 것이

세상의 이치이며 우주의 순리입니다.

한반도에는 마지막 때를 위하여

세계의 모든 종교들이 들어와 활동하고 있습니다.

이들을 통한 대반전의 역사가
하늘에 의해 준비되고 있습니다.
민족 정신을 기반으로 한 민족 종교들이
다양한 의식의 층위에 맞게 펼쳐져 있습니다.
이들 또한 마지막 때를 준비하기 위한
하늘의 큰 그림속에 있습니다.
재난을 통과하면서
이적과 기적을 몸소 체험하면서
눈치채고 알아채는 인자들이 있을 것입니다.

한반도를 시작으로
대자연의 격변이 시작될 것입니다.
한민족을 깨우기 위한
천손 민족을 깨우기 위한
단지파들을 깨우기 위한
민족 지도자들을 깨우기 위한
한반도에 있는 빛의 일꾼들인
멜기세덱 그룹과
데이날 그룹들과
아보날 그룹을 깨우기 위한
하늘의 계획이 집행될 것입니다.

대지진을 통하여
석고웅성(石鼓雄聲)을 통하여
잠자고 있는 한민족을 깨울 것입니다.

자연의 격변을 통하여
삼황합도(三皇合道)를 통하여 인황이 출현하게 될 것입니다.
한반도 어디에도 안전한 곳이 없다는 인식은
많은 지식인들을 당황하게 할 것입니다.
지축의 정립이 있기 전에
우리 한민족에게 주어진 시간은 그리 길지 않습니다.
깨어날 인자들은 깨어나야 하기에
한반도에서는 한번도 경험하지 못한
자연 재해들이 동시다발로 일어날 것입니다.

아마겟돈의 대혼란의 시기를
한민족이 다른 국가들에 비해
조금 일찍 겪게 될 것입니다.
깨어날 인자들이 깨어나 재난을 준비하고
새 하늘과 새 땅을 준비하게 될 것입니다.
창조주께서 직접 집행하는 개벽이
한반도를 중심으로
아보날의 수여를 통해 집행될 것입니다.

깨어날 인자들은
지축의 정립이 일어나기 전에 깨어나
자신의 의식 수준에서 빛의 역할들을 수행하게 될 것입니다.
지금 이 마지막 시기를 맞이하여
지구 위를 걸었던 모든 성인들과 영웅들은
육신의 옷을 입고 태어나 땅위를 걷고 있습니다.

이들을 빛의 일꾼들이라고 하며
이들의 귀환을 신들의 귀환이라 표현합니다.
빛의 일꾼들은
한반도에 제일 많이 태어나 있으며
이들을 깨우기 위한 방편으로
한반도에서부터 개벽이 시작되는 것입니다.

의식을 깨울 수 있는
짧은 시간이 지나고 나면
지축의 이동이 7회에 걸쳐 있을 것입니다.
그저 스쳐가는 지진이 결코 아닙니다.
그냥 우연히 일어나는 지진이 아닙니다.
한반도에 살고 있는
단지파들을 깨우기 위한
한반도에 살고 있는
빛의 일꾼들을 깨우기 위한
하늘이 준비한 대재앙입니다.

종교의 매트릭스에 갇혀 있고
옳고 그름에 갇혀 있으며
자신의 의식 수준에 갇혀 있는
하늘의 실체가 드러나는 과정입니다.
모든 것이 붕괴될 것입니다.
한반도 곳곳에서 우후죽순처럼 발생하는 지진들은
지축 이동을 알리는 하늘의 알림장입니다.

지구의 물질문명을 종결짓고
새 하늘과 새 땅은
한반도를 중심으로
한민족을 중심으로
고도로 진화된 영혼들이 육신을 입고 살아가는
정신문명이 펼쳐질 것입니다.
그 중심에 한반도가 있으며
그 중심에 한민족이 있으며
그 중심에 빛의 일꾼들이 있으며
빛의 일꾼의 중심에 단지파가 있습니다.

한반도에서
한민족은 제일 먼저
창조주의 권능을 체험하게 될 것입니다.
2천 년 전 예수님이 펼친 이적과 기적보다
더 많은 이적과 기적들이 펼쳐질 것입니다.
2천 년 전 예수님이 행한 이적과 기적과는
비교할 수 없을 만큼의 수준에서
한반도에서 수많은 이적과 기적이 펼쳐질 것입니다.
육신의 옷을 벗고 떠날 인류들은
창조주께서 펼치는 권능을 보고도
자신들이 원하는 신이 아니기에
자신들이 기다리는 메시아가 아니라는 이유로
창조주를 부정하게 될 것입니다.

창조주께서 펼치는 권능을 보며
많은 사람들은
보고도 못 본 척 할 것이며
보고도 부정하게 될 것이며
보고도 외면하게 될 것입니다.

한반도와 한민족에서부터 시작한
이적과 기적들은
전 지구에 알려지게 될 것입니다.
지축의 정립 후
안전지대인 역장에서의 생활이 마무리된 이후에야
생존을 위해
문명을 재건하기 위해
그들의 발걸음은 창조주가 계시는
한반도로 향하게 될 것입니다.

한민족의 깨어남을 위해
하늘 사람과 빛의 일꾼들의 의식의 깨어남을 위해
이 글을 기록으로 남깁니다.
한반도에 살고 있는 한민족의 건승을 빕니다.
인류의 건승을 빕니다.

단지파와 천손 민족

단지파란
창조주의 에너지를 가지고 태어난
영혼 그룹들을 말합니다.

단지파란
영이 탄생이 될 때
창조주의 에너지를
가장 많이 가지고 있는 영혼 그룹들을 말합니다.

단지파란
12지파 중에 제1지파인
가브리엘 지파를 말합니다.

단지파란
12지파 중 창조주의 에너지를 일부 가지고 있는
6지파와 7지파와 8지파를
광의의 단지파라고 말합니다.

단지파 중
창조주의 에너지를
가장 적게 가지고 있는 지파는 12지파입니다.

이들은 유대민족의 뿌리가 되었으며
물질의 시대를 주도하는 역할이 주어졌습니다.

단지파란
창조주의 순수한 빛을 가장 많이 품고 있는
특수한 영혼 그룹들을 말합니다.

단지파란
창조주의 빛을 가장 많이 가지고 있는 영혼들이며
대우주에서 창조주의 의지와 뜻을 펼치는
특수한 영혼 그룹들을 말합니다.

단지파란
창조주의 에너지를 가장 많이 가지고 있는 영혼 그룹들이
창조주를 대신하여
대우주에 정신문명을 펼치는 역할을 맡고 있는
특수한 영혼 그룹을 말합니다.

단지파란
창조주의 빛 144,000의 빛 중 하나를 가지고 있는
빛의 일꾼들을 말합니다.

단지파란
빛의 일꾼 144,000명을 말합니다.

단지파란
지구 행성의 물질문명의 종결자로
지구 행성에 파견된
창조주의 대우주 통치를 뒷받침하는
아보날 그룹을 말합니다.

빛의 일꾼이 가장 많이 태어나 있는 곳이
한반도에 있는 한민족입니다.
창조주께서 주관하는 아보날의 수여가 예정되어 있는 곳은
한반도가 유일합니다.

천손 민족인 한민족에게
창조주께서 주관하는
아보날의 수여가 있을 것입니다.

단지파란
행성을 관리하는 영단 관리자 중에
행성의 정신문명을 이끌고 있는
행성 영단 관리자 그룹을 말합니다.

행성의 정신문명을 열고
행성의 정신문명을 주도하고
정신문명의 매트릭스를 관리하고 운영하는
특별한 영혼 그룹들을 단지파라고 합니다.

지구 행성에서
처음으로 정신문명을 열고 펼친 민족은
한반도에 살고 있던 한민족이었습니다.

지구 행성에서 영성의 시대가 펼쳐졌을 때
창조주의 의지와 뜻을 담은 정신문명을
지구 행성에 펼친 영혼 그룹들이 있는데
이들을 단지파라고 합니다.

영성의 시대에
창조주의 의지와 뜻을
지구 행성에 펼친 단지파들이
가장 많이 태어나 정신문명을 펼쳤던 곳이
바로 한반도였습니다.

영성의 시대에
정신문명이 꽃이 피던 시절
단지파들이 가장 많이 태어나서
자신들의 역할을 펼쳤던 곳이
한반도이며 한민족이었습니다.

영성의 시대에
하늘과 땅이 소통되던 시대에
한민족의 지도자들은 모두 단지파였으며
백성들 중에도 단지파들이 가장 많이 태어났습니다.

영성의 시대에
하늘과 땅이 소통되던 시대에
창조주의 빛을 가진 단지파들이
한민족에게 가장 많이 태어나서
하늘의 뜻을 땅에 펼쳐 놓았습니다.
이것이 한민족을 천손 민족이라고 하는 이유이며
한민족을 단지파라고 하는 이유입니다.

행성에서 물질문명을 열고
행성에서 물질문명을 주도하고
물질 매트릭스를 설치하고
물질 매트릭스를 운영하고
물질 매트릭스를 관리하는
특별한 영혼 그룹들을 어둠의 일꾼 또는
멜기세덱 그룹이라 합니다.

원시반본이라
하늘과 땅이 소통되던 영성의 시대에
한민족의 지도자들은 모두
창조주의 에너지를 가지고 있는 단지파들이었습니다.

하늘과 땅이 소통되던 영성의 시대에
지구 행성의 찬란한 정신문명은
천손 민족인 한민족에 의해 펼쳐졌습니다.

하늘과 땅의 소통이 끊어진 종교의 시대에
지구 행성의 물질문명은
어둠의 일꾼들인 멜기세덱 그룹들에 의해 관리되고 운영되었습니다.

하늘과 땅의 소통이 끊어진 물질의 시대에
창조주의 에너지를 가장 적게 가진 단지파 중
가장 막내인 유대민족에 의해
지구 행성은 관리되고 운영되었습니다.

원시반본이라
개벽의 시대에
새 하늘과 새 땅에서 펼쳐지는
새로운 정신문명은
창조주의 에너지를 가장 많이 가지고 있는 단지파인
한민족에게서 시작될 것입니다.

원시반본이라
하늘과 소통이 되는 영성의 시대는
창조주의 에너지를 가장 많이 가지고 있는
창조주의 맏아들인 한민족이 중심이 될 것입니다.
지축의 정립 이후에
지구 행성의 새로운 문명의 중심은
한반도가 될 것이며
한민족이 될 것입니다.

지구 행성의 차원상승 후
지구 행성이 자미원이 된 이후에
대우주의 중심 또한 한반도가 될 것이며
단지파인 한민족이 될 것입니다.

하늘을 섬기며
하늘을 품고 있으며
하늘 무서운 줄 알고 있는
천손 민족인 한민족의 건승을 빕니다.

단지파인 한민족의 건승을 빕니다.

관세음의 세계와 천부경의 비밀

눈에 보이는 색의 세계는
눈에 보이지 않는 기의 세계와
눈에 보이지 않는 공의 세계가 있기에
존재할 수 있는 것입니다.

눈에 보이는 현상은
눈에 보이지 않는 본질이 감추어져 있기에
변화 속에서 자신을 드러낼 수 있는 것입니다.

눈앞에 다양하게 펼쳐지는 세계는
눈에 보이지 않는 세계에서
이미 결정이 이루어지고 난 후
펼쳐지는 세계에 불과합니다.

하늘의 도가 있기에
땅에서의 도가 있는 것입니다.
하늘의 계획이 있기에
땅에서의 펼쳐짐이 있는 것입니다.

무극의 세계에서
태극의 세계로

태극의 세계에서 삼태극의 세계로
우주는 차원간 진화를 통하여 삼라만상을 탄생시켰습니다.

소리와 형상과 빛이 하나로 이루어진 세계를
관세음의 세계라고 합니다.
소리와 형상과 빛은 만물의 근본입니다.
소리와 형상과 빛이 하나인 관세음의 세계에서
삼태극의 물질세계가 펼쳐졌습니다.

12차원은
물질 세상의 시작을 의미합니다.
12차원은
삼태극 물질 세상의 정점에 있는 차원입니다.

관세음 보살과 관자재 보살은
13차원을 주관하는 차원 관리자입니다.
관세음 보살과 관자재 보살은
행성들의 진화를 담당하고 있는
행성들의 어머니이자
행성들의 부모의 역할을 맡고 있습니다.

음과 양의 세계를 태극의 세계라 하며
음과 양의 세계에서
빛과 소리와 형상이 하나인
관세음의 세계가 펼쳐졌습니다.

관세음의 세계에서
물질세계인 삼태극의 물질세계가 펼쳐졌습니다.
관세음의 세계는 빛과 소리와 형상의 세계를 말합니다.
관세음의 세계의 빛과 소리와 형상은
물질세계에서는 정기신과 영혼백의 에너지로 펼쳐졌습니다.

관세음의 세계인 음양의 세계는
삼태극의 물질세계에서는
하늘의 변화를 상징하는 5행(오운)이 되었습니다.
관세음의 세계인 음양의 세계는
삼태극의 물질세계에서는
땅의 기운과 땅의 변화를 상징하는 6기가 되었습니다.

공의 세계를 무극이라 합니다.
기의 세계를 태극이라 합니다.
색의 세계를 삼태극이라 합니다.

생명 탄생의 원리와
만물의 탄생 원리가
정기신과 영혼백의 원리에 의해
창조되었음을 말함이라

1(무극)이 2(태극)가 되고
2(태극=음과 양=정신)가
3(삼태극=삼위일체 사상)이 되고

3(정기신=영혼백)이
4가 되어 사상이 됩니다.
3은 관세음의 세계를 말함이라
3인 관세음의 세계는 물질 세상에서는
하늘의 변화를 상징하는 5행이 됩니다.
3은 관세음의 세계를 말함이라
3인 관세음의 세계는 물질 세상에서는
땅의 변화를 상징하는 풍한서습조화의 6기가 됩니다.

6은 땅의 변화를 말함이라
7(칠성=칠정)은 생명의 탄생을 말함이라
7은 북두칠성을 말함이라
북두칠성을 통하여 하늘의 문이 열리니
생명의 탄생과 함께 의식과 감정이 탄생됨이라
팔공산을 통해 하늘의 문이 추가로 열렸으니
새로운 나라인 신라가
천손 민족인 단지파에 의해 건국되었음이라

9는 완성의 수이며 가장 큰 수를 상징함이니
북두 9진을 통해 하늘의 문이 다시 열리니
후천시대의 시작을 알림이라
북두 9진을 통해 새 하늘의 문이 열리니
선천의 하늘이 문을 닫고
후천의 시작을 알림이라

천부경은
천손 민족인 한민족에게
창조주의 에너지를 가진 단지파인 한민족에게
우주 변화의 원리와 생명 탄생의 비밀을 전하고 있는
한민족의 비서입니다.

선천의 물질문명의 종결과
후천의 정신문명의 시작이
원시반본의 우주적 순리에 따라
한반도에서부터 시작됨을 알리는 상징 코드가
천부경이 갖는 비밀입니다.

천부경은
원시반본과 시종여일의 중심이
한반도에서 시작함을 알리는
하늘이 한민족에게 준 상징의 표식이었습니다.

천부경은
대우주의 구조와 생명 탄생의 비밀을 전하고 있는
한민족을 위한 비서입니다.
창조주의 뜻을 지구 행성에 처음으로 펼친 사람들이
한민족임을 잊지 말라고
한민족이 단지파임을 잊지 말라고
한민족이 천손 민족임을 잊지 말라고
한민족에게 하늘이 준 선물이자 상징의 표식입니다.

한민족의 기원인 단지파들은
태극의 세계에서 기원한 고차원 영들임을 잊지 말라고
한민족의 조상인 단지파들은
창조주의 정신을 지구 행성에 최초로 펼친
태극의 세계에서 육화한
고도로 진화한 존재들이 육화한 것임을 잊지 말라고
태극기를 국가의 상징으로 주었습니다.

한민족은
지구 행성에 입식된 영들의 부모이며
지구 행성을 리드하는 리더자 그룹입니다.
지구 행성에 펼쳐진 모든 정신문명과
물질문명의 처음과 끝을 주관하는 중심이
한민족임을 잊지 마시기 바랍니다.

물질문명의 풍요로움 속에서
자신의 우주적 신분을 잊지 말라고
천손 민족임을 기억하라고
그때가 지금이라는 것을 기억하라고
우데카 팀장이
관세음의 세계와 천부경의 의미와
태극기의 의미를 기록으로 남깁니다.

한민족의 건승을 빕니다.

백포 장막과 양백

백포 장막을 아십니까?
양백이라는 말을 들어는 보셨습니까?
상백, 중백, 하백이라는 말은 들어보셨습니까?

생소한 말이며 낯설은 단어일 것입니다.
이 말의 뜻을 알고 있거나
이 말의 뜻을 알고 사용하고 있는 사람은
그리 많지 않을 것입니다.

백포 장막과 양백은
비결서에 나오는 용어이며
비결파들이 사용하는 용어이기 때문입니다.

세상의 마지막 때에
그날이 올 것을 미리 알았던 선지자들이
비결서라는 방편설법을 통해
미래에 인류가 안전하게 살 수 있고
재난을 대비할 수 있는 안전한 곳을
그 시대의 언어로
우리 민족의 언어로 표현한 것이
백포 장막과 양백입니다.

재난으로부터 안전한 곳은
십승지로 알려져 있습니다.
십승지는 일반 대중에게 많이 알려져 있는 용어입니다.
십승지로 알려진 대부분은
지축의 정립이 있을 때에
재난을 피할 수 있는 안전지대에 속해 있습니다.

십승지가 거시적 관점에서 안전지대를 알려준 것이라면
백포 장막은 안전지대가 설치되는 원리를
그 시대의 언어로
그 시대의 의식 수준으로 표현된
하늘이 설치하는 특수한 에너지 장막을 의미합니다.

하늘이 재난으로부터
자연 환경과 생명체를 보호하기 위해 설치하는
투명한 에너지장을 백포 장막이라 표현하였습니다.
하늘은 생명을 보호하기 위해
인간의 눈에는 보이지 않는
특수한 에너지장을 설치할 예정입니다.
이것을 빛의 생명나무에서는 역장 또는 안전지대로 말하고 있습니다.
역장(力場)의 옛날식 표현이 백포 장막입니다.

백포 장막은
자연재해로부터 일정 지역을 보호하는
보호막 역할을 합니다.

백포 장막은
하늘로부터 쏟아지는 태양빛과
우주로부터 들어오는 유해한 빛을 걸러주고
막아주는 필터 역할을 합니다.
백포 장막은
희고 투명한 빛이며 양백의 빛입니다.

백포 장막은
인간을 보호하기 위해
자연을 보호하기 위해
하늘의 특수한 에너지장이 걸릴 수 있도록 설치한
에너지막을 의미합니다.

양백은
백포 장막을 통과해서 들어온
인간과 생명이 살기에 적합한 빛을 의미합니다.
양백은
백포 장막을 통과해서 들어온 좋은 빛을 의미합니다.

백포 장막을 통과한 빛은 양백의 빛이 됩니다.
양백의 빛 중
빛의 입자가 제일 고운 빛과
빛의 진동수가 제일 높은 빛과
우주적 신분이 높은 사람들이 모여 사는 곳을
상백이라고 표현하였습니다.

백포 장막을 통과한 빛은
양백의 빛이 됩니다.
양백의 빛 중
빛의 입자가 중간 정도이고
빛의 진동수의 범위가 제일 넓은 빛과
대부분의 사람들이 모여 살 수 있도록
하늘의 에너지장이 설치된 지역이
중백이 갖는 의미입니다.

백포 장막을 통과한 빛은
양백의 빛이 됩니다.
양백의 빛 중
빛의 입자가 거칠고
빛의 진동수가 가장 낮은 빛이 들어오는 곳으로
특수한 에너지 파장에 맞는
소수의 인자들만 거주할 수 있는 지역이
하백이 갖는 의미입니다.

구한말 비결파의 거두인
양백 선생님과 그의 제자들을 통해
백포 장막과 양백 사상은 대중들에게 퍼져 나갔습니다.
세상에서는 이들을 비결파라고 합니다.
한민족에게만 있는 비결파들에 의해
백포 장막은 알려져 왔으며
양백의 의미는 후대에 전해져 왔습니다.

상백과 중백과 하백은 지명을 통해 전해져 왔습니다.

백포 장막과 양백
양백의 3가지 빛인 상백과 중백과 하백은
한민족에게만 알려져 있는
상징 코드로 전승되어 왔습니다.

미래에 온다고 알려져 있는
개벽의 시대와
미래에 온다고 알려져 있는
재난의 시기와 환란의 시기에
하늘이 사람을 살리기 위해
하늘이 준비한 안전지대를
그 시대의 언어로
그 시대의 상징으로
백포 장막과 양백의 빛으로 표현하였습니다.

한민족은 천손 민족입니다.
한반도는 지구 행성의 문명의 시작이며
한반도는 지구 행성의 문명이 종결되는 곳입니다.

한민족은 미래를 위해 준비된 천손 민족입니다.
지축의 정립 이후
개벽이 있은 후
새로운 정신문명이 한반도에서 시작될 것입니다.

새로운 물질문명이
한반도에 살고 있는
한민족으로부터 시작될 것입니다.

한반도에 살고 있는 천손 민족에게
그날이 왔을 때
그때가 왔을 때
그곳을 잊지 말라고
그곳을 찾아가라고
상징의 표식으로
언약의 표식으로
백포 장막과 양백이 있는 곳이
살 곳이라는 것을 전하고 있습니다.
양백의 빛이 있는 곳이
사람의 살 길이 있다는 것을 전하고 있습니다.

귀 있는 자는 듣게 될 것이며
눈 있는 자는 보게 될 것이며
시절인연이 있는 인자들은
백포 장막이 설치된 안전한 곳으로 들어오게 될 것입니다.
그곳에서 양백의 빛을 받은 자만이
천손 민족의 정신을 후대에 빛내게 될 것입니다.

한민족의 건승을 빕니다.

십승지에 대한 정리

양백을 아십니까?
양백의 뜻을 알고 있는 사람이라면
십승지의 뜻을 알고 있는 사람일 것입니다.

백포 장막을 아십니까?
백포 장막의 뜻을 알고 있는 사람이라면
십승지의 뜻을 알고 있는 사람일 것입니다.

상백과 중백 그리고 하백을 아십니까?
상백과 중백 하백의 뜻을 알고 있는 사람이라면
십승지의 뜻을 알고 있는 사람일 것입니다.

양백을 모르고
백포 장막을 모르고
상백, 중백, 하백을 모르고
십승지를 찾는 사람이 있다면
당신은 아무것도 모르는 평범한 사람일 것입니다.

양백을 모르면서
백포 장막도 모르면서
상백, 중백, 하백도 모르면서

금척도 모르면서
십승지를 찾고 있는 사람이 있다면
당신은 지금 무슨 일이 일어나고 있는지
어떻게 해야할지 아무것도 모르는
환란과 격변의 때에 아무것도 준비되지 않은
평범한 사람일 것입니다.

하늘을 가슴에 모시고 사는
사람들이 있었습니다.
하늘을 가슴에 품고 사는
사람들이 있었습니다.
하늘을 가슴에 모시고
하늘을 마음에 품고 살던
이 땅의 사람들에게
이 땅에 살고 있는 한민족에게
하늘이 약속의 징표를 주었습니다.

개벽의 때가 올 것이라고
대환란의 때가 올 것이라고
지축의 정립이 올 것이라고
삼황합도의 시대가 올 것이라고
석고웅성의 시대가 올 것이라고
인황의 시대가 올 것이라고
한민족에게 주어진 하늘의 언약의 증거가
양백 사상입니다.

양백에서 살 곳을 찾아라
백포 장막이 있는 곳이 살 곳이라
상백은 하늘 사람들 중 높은 관리자들이 사는 곳이라
중백은 하늘 사람들과 중간 관리자들이 사는 곳이라
하백은 하늘 사람들이 모여드는 곳이라
양백에서 살 곳을 찾고
양백에서 생명을 구하고
양백에서 생명을 찾아라

백포 장막이 있는 곳으로 가거라
그곳에서 천조일손(千祖一孫) 할 것이라
백포 장막이 설치된 곳으로 가거라
그곳이 하늘이 숨겨놓은 목숨밭이구나
상백은 아무나 갈 수도 없으니
이내 신세 처량하구나
중백에서라도 머물 수 있으련가
하늘이 야속하고 야속하구나
하백이라도 내가 머물 수만 있다면
하백에서라도 하늘을 만날 수 있다면
하백에서라도 하늘 사람들을 만날 수 있다면
하백에서라도 살 곳을 찾아보세

하늘의 천지공사가 끝났음이라
땅의 천지공사가 시작됨이라
사람이 펼치는 금척의 시대가 오고 있나니

삼황이 합도하여 인황이 출현하니
금척의 시대가 시작되었음이 아니런가?

하늘이 울 것이며 땅이 울 것이니
석고웅성의 시대가 시작되었구나

어디에서 진리를 찾고
어디에서 하늘 사람을 찾고
어디에서 목숨을 구할 것인가?
이 때를 위해
마지막 때를 위해
하늘의 천손 민족인 한민족에게
하늘이 약속의 증표로서 준 것이 양백이거늘

양백을 모르면서
십승지를 찾는단 말인가?
양백도 모르면서
자신의 생명을 구하고자 하는가?
양백도 모르면서
타인의 생명을 구하고자 하는가?

백포 장막을 모르면서
어디에서 십승지를 찾고 있는가?
백포 장막도 모르면서
십승지를 찾아 무엇을 하려는가?

백포 장막도 모르면서

십승지를 찾는다고

목숨을 구할 수 있다고 믿고 있는가?

상백을 모르면서

십승지를 찾아본들 무엇을 할 수 있겠는가?

중백도 모르면서

십승지를 찾아본들 하늘을 원망하는 이외에

당신이 무엇을 할 수 있겠는가?

하백도 모르면서

십승지를 찾아본들 누구를 원망하겠는가?

금척을 모르면서

하늘 사람을 알아볼 수 있겠는가?

금척도 모르면서

하늘의 도를 이해할 수 있겠는가?

금척도 모르면서

하늘이 하늘 사람을 위해 준비해 놓은

양백을 찾을 수 있겠는가?

금척도 모르면서

하늘이 당신을 위해 준비한

양백을 찾을 수 있겠는가?

인류의 건승을 빕니다.

첨성대의 비밀

지구 행성의 물질문명의 기원은
한반도에서 시작하였으며
단지파인 한민족에게서 시작되었습니다.

천손 민족인 한민족이
하늘과 인간이 소통되던 시절
인간의 대소사와 국가의 대소사들을 결정했던 곳이
첨성대가 위치한 곳이었습니다.
천손 민족인 한민족이
하늘과 인간이 소통되던 시절
하늘의 별자리를 관찰하기 위해
첨성대가 건립되었습니다.

지구 행성이 탄생될 때
지구 행성의 지각판들의 에너지 균형을 잡기 위한
3개의 에너지의 균형점이 있는데
이곳이 첨성대가 위치한 곳입니다.
첨성대가 위치한 곳은
지구 행성의 위험한 3대 급소 자리이며
지구 행성에 하늘이 숨겨놓은 혈자리입니다.

지구 행성의 안전을 위해
반드시 보존되어야 하는 곳이었습니다.
지구 행성의 대규모 지각 변동으로부터
안전핀의 성격으로
봉인의 성격으로
하늘의 보이지 않는 손에 의해
첨성대가 건축되었습니다.

첨성대가 위치한 곳은
지구 행성의 지각판의 안전핀에 해당되는 곳입니다.
지구 행성은 크게는 3개의 큰 안전핀이 있으며
2개의 소규모의 안전핀이 설치되어 있는 장소가 더 있어
총 5개의 안전핀이 존재하고 있습니다.

행성마다 행성의 안전핀이 설정되어 있습니다.
행성이 리셋이 되거나
행성의 대규모의 지각 변동이 있을 때는
이곳의 안전핀을 제거하고
에너지의 대규모 주입으로
행성들은 리셋이 되며 리모델링이 됩니다.

지구 행성에서
아틀란티스 문명과 레무리아 문명이 붕괴될 때에도
3개의 안전핀 중에 대서양에 있는 안전핀 하나가 제거됨으로써
대규모의 대륙의 침몰과 융기가 있었습니다.

지구 행성의 차원상승 과정에서는
5개의 안전핀 중에 3곳이 제거될 예정입니다.
3개의 큰 안전핀 중 2곳의 큰 안전핀과
2개의 소규모 안전핀 중 하나가 추가로 제거될 예정입니다.

경주의 첨성대가 위치한 곳은
지구의 대규모 지각변동을 위해
오래전부터 하늘에 의해 기획되고 준비된
지구의 숨겨진 혈자리입니다.
일종의 지구 행성의 치명적인 급소 자리입니다.
이곳을 오래전부터 보호하기 위해
일본 열도가 그동안
한반도를 보호하는 방파제와 같은 역할을 해왔습니다.

첨성대의 건립 과정에서 하늘의 치밀한 개입이 있었습니다.
이곳을 에너지적으로 보호하기 위해
첨성대의 건축을 통하여
이곳을 에너지적으로 봉인하기 위한
하늘의 비밀스런 의도가 반영되었습니다.

첨성대가 위치한 곳은
지질학적 연구 결과에 의하면
양산 단층대의 영향을 받는 곳입니다.
양산 단층대 주변에는
50개가 넘는 많은 활성 단층대들이 존재한다고 알려져 있습니다.

첨성대 주변에 있는 안전핀이 제거되면
이 단층대들은 일본의 단층대들에 큰 영향을 미치게 됩니다.
일본의 단층대들은 다시
태평양판과 북아메리카판에도 영향을 주게 됩니다.
일본의 단층대들은 환태평양 조산대와 맞물려 있으며
많은 지각판들이 맞물려 있습니다.

인류의 의식으로 보면
인류의 과학기술로 보면
일본의 단층대가 더 위험해 보이고
미국의 샌 안드레아스 단층이 제일 위험해 보일 것입니다.

하늘의 입장에서 보면
첨성대가 위치한 곳이
지구 행성의 가장 위험한 급소인 것입니다.
지구 행성이 탄생될 때
보이지 않는 에너지의 세계에서
지구 행성의 모든 에너지들을 뒷받침하고 있는 곳이
첨성대가 가지고 있는 우주적 비밀입니다.

지구 행성을 삼발이의 형태로
에너지의 균형을 맞추고 있는 곳이
경주에 있는 첨성대가 가지고 있는
하늘의 비밀입니다.

원시반본이라
한반도는 지구 행성의 선천의 물질문명이 열렸던 곳입니다.
한반도는 지구 행성의 후천의 정신문명이 태동되는 곳입니다.

원시반본이라
한반도는 지구 행성의 선천 문명인
물질문명의 붕괴가
제일 먼저 시작되는 곳입니다.

하늘에 의해 한반도에 봉인되었던 봉인이
제일 먼저 해제가 이루어질 것입니다.
지구 행성의 대규모의 지각 변동을 위한 안전핀이
제일 먼저 제거될 예정입니다.

한민족의 건승을 빕니다.

기록의 필요성이 있어
이 글을 우데카 팀장이 기록으로 남깁니다.

한반도의 재난의 양상과 태양의 변화

지구 행성에 자미원을 건설하기 위해
파라다이스의 창조주께서 에너지체의 형태로
지상에 내려오셨습니다.

지구 행성의 개벽을 위해
파라다이스의 창조주를 보좌하기 위해
대우주를 경영하던 18차원의 에너지체들
100만 대군이 지상으로 내려왔습니다.

지구 행성의 차원상승을 위하여
대우주를 경영하는 파라다이스의 9번째 창조근원의 중심의식이
자신이 사용할 시스템을 가지고
지상에 파라다이스의 시스템을 건설 중에 있으며
막바지 마무리에 들어가 있습니다.

지상으로 내려온 창조주의 중심의식은
공의 세계의 천황과
기의 세계의 지황과
색의 세계의 인황으로 분화하여
자신의 영역에서 고유한 업무를 시작하였습니다.

하늘의 준비가 진행되면서
한반도를 시작으로 사회 변화와 자연의 변화가 시작되었습니다.

첫번째

2019년 8월 20일
재난의 씨앗이 되는 에너지 스타게이트가 열렸습니다.
제일 먼저 한반도의 동해안에 인간의 애환(哀歡)을 상징하는
한(恨)의 에너지인 화(火)의 에너지 스타게이트가 열렸습니다.

두번째

한반도의 동남 해안에 인간의 슬픔을 상징하는
통곡(慟哭)을 상징하는 에너지 스타게이트가 열렸습니다.
한반도의 동남 해안에 땅의 슬픔을 상징하는
땅의 갈라짐과 그 속의 생명체들의 통곡의 눈물이
강물이 되어 흐르는 형상입니다.

세번째

한반도의 서남 해안에 인간의 비정하고 피도 눈물도 없는
매정한 에너지인 燥[불(火)]의 에너지 스타게이트가 열렸습니다.
한반도의 서남 해안에 불(火)의 기운에 의해
생명의 온기를 다 태우고도 남을
강한 불(火)의 기운이 불타오르는 형상입니다.

네번째

한반도의 서해안을 중심으로

인간의 아픔과 고통과 슬픔을 상징하는
습(濕)의 에너지 스타게이트가 열렸습니다.
한반도의 서해안을 중심으로
한반도의 중부 서해안을 중심으로
물(水)과 불(火)의 두 에너지가 만나 생기는
두려움과 공포의 에너지가
통곡 소리로 바뀌어 들려오는 형국입니다.

다섯번째

한반도의 북쪽으로부터 한반도의 남쪽을 향해
하늘의 서릿발 같은 냉정함과 비정함을 상징하는
한(寒)의 에너지 스타게이트가 열렸습니다.
한반도의 북쪽으로부터
하늘의 의지를 담은 된서리와 같은
하늘의 의지를 담은 천둥과 번개를 상징하는
추상같은 한(寒)의 에너지가
한반도를 집어삼키는 형상입니다.

여섯번째

마지막으로 5개의 에너지를 모두 휘젓고 섞어줄
바람(風)의 에너지 스타게이트가 서해안에서 열렸습니다.
바람이 불어오는 곳에서부터
자연의 변화는 드러나게 될 것입니다.
바람이 부는 곳마다
생명들의 통곡 소리가 들려올 것입니다.

바람이 부는 곳마다
절망과 고통의 함성이 들려올 것입니다.
바람이 부는 곳마다
의식이 깨어나는 인자(人子)들이 있을 것입니다.
잠들어 있던 태양이
9월이 되면 깨어나기 시작할 것입니다.
대자연의 변화를 시작하기 위해
태양의 가이아 의식과 지구 행성의 의식이
서로 연결되어 있습니다.

잠들어 있던 태양이 깨어나기 시작하면
지구 행성은 본격적인 변화를 시작하게 될 것입니다.
잠들어 있던 태양이 흑점의 발생과 함께
지구 행성의 변화는 가속화될 것입니다.

태양의 변화는
지구 행성의 변화와 연동되어 있습니다.
태양의 변화는
지상으로 내려온 창조주의 중심의식인
천황의 의해 관리되고 통제되고 있습니다.
태양에서 지구 행성에 공급해야 되는
특별한 광자대 영역에 있는 광자의 빛을 공급하기 위해
생산 공정들에 대한 정비를 마치고
9월부터는 광자의 빛을 지구 행성에 공급하기 시작할 것입니다.

하늘의 의지를 담은 광자의 빛이
지구 행성에 공급되기 시작하면서
한반도를 시작으로
지구 행성의 개벽은 시작될 것입니다.
인류가 한번도 경험하지 못한
태양의 변화가 준비되고 있습니다.
인류가 한번도 경험하지 못한
태양의 흑점의 변화가 있을 것입니다.
인류가 한번도 경험하지 못한
자연 재해가 시작될 것입니다.
인류가 한번도 경험하지 못한
깊은 절망과 슬픔이 시직될 것입니다.

'하늘이 이상해요' '하늘이 이상해졌어요'
'말세야 말세야' '이런 하늘은 필요 없어'
'하늘이 이럴리가 없어' '하늘이 그럴수는 없어'
인류는 자신의 의식 수준에서 하늘을 원망하고 비난할 것입니다.

그러거나 말거나
하늘은 가슴을 닫은 채
하늘 스스로 정한 개벽을 시작할 것입니다.

그러거나 말거나
하늘은 가슴을 닫은 채
아마겟돈을 시작할 것입니다.

원시반본이라
지구 행성의 물질문명이 시작했던 한반도에서
물질문명의 붕괴가 시작되고 있음이라

원시반본이라
지구 행성의 물질문명이 붕괴되고
천조일손의 인류의 아픔이 있고 난 뒤
가장 많은 인간의 종자를 보존하고 있던 한반도에서
새로운 물질문명과 새로운 정신문명이 꽃피우게 될 것입니다.

원시반본이라
새 하늘과 새 땅을 열기 위해
천손 민족인 한민족이 가장 먼저 재난을 맞이하게 될 것이며
재난의 상황속에 한반도에서
지상으로 내려온 창조주의 중심의식에 의해
아보날의 수여가 있을 예정입니다.

빛의 일꾼들인 당신은
창조주께서 주관하는 아보날의 수여를 위해
하늘에서 준비된 영혼들입니다.

시절인연에 의해
우데카 팀장이 이 글을 가슴으로 전합니다.
깨어나는 빛의 일꾼들과
천손 민족인 한민족의 건승을 빕니다.

행성의 자연 재해와
기후 변화에 대한 정리

행성의 기후 변화와 환경의 변화를 주관하는
하늘의 담당 부서가 있습니다.
인류의 의식 수준에서 알고 있는 하늘은
어린 아이의 수준에 불과합니다.
물질 세상을 관리하는 하늘은 33개의 하늘로 구성되어 있습니다.

행성의 기후 변화와 환경에 관한
최고 결정권을 가진 곳은 13차원입니다.
13차원은 행성들의 어머니입니다.
행성의 진화를 담당하는 차원이며
행성의 진화 로드맵을 기획하고 집행하고 실행하는 차원입니다.
13차원 관리자들에 의해
대우주에 있는 행성들이 관리되고 있으며 운영되고 있습니다.
행성 영단의 최고 책임자는 13차원의 관리자들이 맡고 있습니다.
지구 행성의 영단을 책임지고 있는 관리자는
13차원 15단계의 최고 관리자입니다.
지구에서는 관세음보살이라고 부릅니다.

태양들을 관리하고 운영하는 차원은 15차원입니다.
15차원은 태양(항성)들의
진화 로드맵을 설계하고 집행하는 곳입니다.

태양의 주기와
태양의 기후 변화를 주관하는 곳은
15차원 8단계의 하늘입니다.

지구 행성의 가이아 의식을 맡고 있는 분은
17차원 18단계의 관리자라고 부르며
우주에서는 네바돈 우주의 창조주라 부르며
사난다라고도 부릅니다.
지구에서는 석가모니라고 부르기도 하며
예수 그리스도라고도 부릅니다.

13차원 9단계의 관리자 그룹들에 의해
행성마다 독특한 환경들이 설계되고
시뮬레이션이 이루어집니다.
13차원 9단계의 하늘에서 기획하고 설계한 것을
13차원 7단계의 하늘에서는
행성에서 일어나는 기후 변화와
행성에서 일어나는 환경 변화와
행성에서 일어나는 대규모의 자연 재해 등을
실질적으로 집행하는 역할이 있습니다.

행성의 변화에 필요한 모든 에너지들은
태양으로부터 나옵니다.
행성의 격변 상황을 일으키는 에너지들 역시
태양으로부터 공급이 됩니다.

지구 행성의 지축 이동을 위한 에너지 역시
태양으로부터 공급받아서
13차원 7단계의 하늘에서 집행됩니다.

지구 행성의 지축 이동을 위해서는
인류의 과학기술로는 이해할 수 없는
3개의 에너지가 필요합니다.
이 에너지 중 1개의 에너지는
EUV(강한 자외선)입니다.
Extreme UV는 자외선과 X선 사이의 파장을 가진
에너지를 말합니다.
나머지 2개의 에너지는 EUV보다
더 강하고 짧은 파장을 가진 에너지입니다.

지구 행성의 지축의 정립과
새 하늘과 새 땅을 펼치기 위해
태양으로부터 3개의 에너지들을 집적하는 작업들이
3년 전부터 진행되어 왔습니다.
우주 함선들에 의해 수집되었으며
지금도 수집되고 있습니다.

행성의 변화를 일으키는 에너지는 모두
태양으로부터 나옵니다.
행성이 가지고 있는 내부의 에너지를 가지고는
행성의 격변의 상황을 일으킬 수 없습니다.

행성에 격변의 상황을 발생시키는 에너지들은
태양에서 행성의 격변에 필요한 에너지들을
우주 함선들을 이용하여 선택적으로 모아 두었다가
수많은 시뮬레이션을 거쳐
13차원 7단계의 관리자들에 의해
행성에서의 격변 상황들이 집행됩니다.

13차원 9단계와 7단계의 에너지체들은
행성의 기후 변화와 환경 변화를 관리하고 운영하는
거대한 시스템을 설치하여 운영하고 있습니다.
행성의 환경과 기후 변화를 일으키는 시스템을 통해
대기의 흐름을 결정하고
바람의 세기와 바람의 강도를
입력값을 통해 조절하고 있습니다.
제트기류의 방향값을 결정하고
제트기류의 속도값을 결정하면서
계절의 변화와 기후의 변화를
안정적으로 운영하고 있습니다.

13차원 7단계의 하늘이
큰 틀에서의 행성의 기후 변화와 환경 변화를 기획하고
설계를 담당합니다.
11차원 7단계의 하늘은
비물질세계에서 기획하고 설계한 것을
물질세계에 맞게 에너지를 전환하는 역할이 있습니다.

9차원 7단계의 하늘에서는
물질세계에서 일어나는
자연 재해를 기획하고 자연 재해의 수준을 결정하고
태풍이나 지진의 강도를 결정합니다.
9차원 7단계의 하늘에서는
대기의 흐름과 해류의 흐름을
일정하게 안정적으로 관리하고 있습니다.
7차원 7단계의 에너지체(건달바-물을 지키는 에너지체)들과
7차원 9단계의 에너지체(용-비와 바람을 주관하는 에너지체)들에 의해
9차원에서 결정되고 승인된 것을 직접적으로 집행하고 있습니다.

지구 차원상승을 앞두고
지구 행성의 대격변을 앞두고
지구 행성과 관련된 모든 하늘의 관리 시스템들이
하나로 통합되었음을 알려드립니다.
지구 행성의 차원상승을 위해
파라다이스의 시스템 그대로 땅으로 내려와 가동되었습니다.
땅으로 내려온 파라다이스의 시스템을
파라다이스의 중심의식이라 부릅니다.

지구 행성의 차원상승과 관련되어 있는
하늘의 시스템들이 모두
땅으로 내려온 파라다이스의 중심의식 시스템으로 통합되어
2018년 7월 15일부터
본격적으로 운영되기 시작하였습니다.

땅으로 내려온 파라다이스의 중심의식에 통합된
하늘의 시스템은 다음과 같습니다.

- 18차원의 천황, 지황, 인황 시스템과 연결되어 있습니다.
- 18차원의 파라다이스의 시스템 중
  지구 행성과 관련된 시스템에 연결되었습니다.
- 17차원의 시스템에 연결되었습니다.
- 15차원을 관리하는 시스템과 연결되었습니다.
- 13차원을 관리하는 시스템과 연결되었습니다.
- 33천의 하늘의 시스템에 연결되었습니다.
  11차원의 15개 층위의 하늘
  9차원의 15개 층위의 하늘
  7차원의 13단계 14단계 15단계를 말합니다.
- 7차원의 1단계에서 12단계의 시스템과 연결되었습니다.
- 5차원의 영계의 시스템에 연결되어 있습니다.

지구 행성의 차원상승과
지구 행성의 지축의 정립과
지구 행성이 물질세계의 자미원으로 탄생하기 위한
보이지 않는 세계의 준비 과정이 모두 끝났으며
물질세계에서의 드러남이 시작될 것임을 전합니다.
기록을 위해
우데카 팀장이 이 글을 남깁니다.

태풍에 대한 정리

태풍은 의식을 가지고 있습니다.
태풍은 의식을 가지고 있기에
만물형통의 영적 능력을 가진 존재들은
태풍의 의식과 대화가 가능합니다.

자연은 무형의 순환을 통해 변화를 시작하며
자연은 변화를 통해 색의 세계에 드러납니다.
자연의 생명력의 원천은
지수화풍(地水火風)의 에너지(의식)입니다.
태풍은 수와 풍의 의식을 가진 생명체로서
생명의 순환 주기를 가지고 있습니다.

태풍은 형성될 때
수(水)와 풍(風)의 의식을 가진
태풍의 씨앗이 뿌려집니다.
태풍의 씨앗 속에는
태풍의 의식을 형성하는
수와 풍의 의식을 주관하는
눈에 보이지 않는 9차원과 11차원의 에너지체들이
그룹을 이루어 뿌려집니다.

태풍의 씨앗 속에는
태풍의 크기와 세기를 결정하는
무형의 기계장치들이 들어 있으며
태풍이 성장하면서 무형의 기계장치 또한
함께 성장이 이루어집니다.

태풍의 씨앗 속에는
배속된 에너지체들의 의식에
태풍의 생로병사의 프로그램이 함께 입력되어 있습니다.
태풍의 크기와 강도
비와 바람의 크기와 양까지
모든 변수들을 통제하고 지휘하는 역할이 주어집니다.

태풍의 씨앗이 뿌려지고 나면
태극의 세계인 13차원에서
태풍의 씨앗에 태풍이 성장할 수 있도록
에너지를 공급하기 시작합니다.
태풍의 씨앗에 공급된 에너지로
무형의 기계장치들이 작동을 시작합니다.
무형의 기계장치들이 작동을 시작하면서
태풍은 공의 세계에서 기의 세계를 거쳐
색의 세계로 드러나게 됩니다.

태풍의 씨앗이 뿌려질 때
동승한 에너지체들에게도 에너지 공급이 이루어집니다.

태풍의 씨앗이 뿌려질 때
동승한 에너지체들이 프로그램된 내용대로
태풍의 진로를 유지하기 위해
지구 행성의 기후 변화를 주관하는
컨트롤 센터와의 교신을 통해
변수들을 제거하게 됩니다.

태풍의 씨앗이 뿌려질 때
태풍의 생로병사가 이미 결정이 됩니다.
태풍의 씨앗이 뿌려질 때
태풍의 발생 목적에 맞춘 진로가 결정됩니다.
태풍의 씨앗이 뿌려질 때
주변의 기압 배치나 해수의 온도
제트기류의 특성과 그 밖의 모든 변수들을 고려하여
수많은 시뮬레이션이 이루어진 후
최종 진로가 결정이 됩니다.

태풍의 씨앗이
눈에 보이지 않는 세계에서 뿌려질 때
태풍의 크기와 강도를 결정하는
에너지체들의 차원과 숫자가 결정이 됩니다.
에너지체들이 많이 배속될수록
배속된 에너지체들이 높은 차원일수록
태풍은 커지고 강도는 강해집니다.

태풍의 씨앗이

눈에 보이지 않는 세계에서 뿌려질 때

태풍의 크기와 강도

태풍의 성격을 결정하는

무형의 기계장치들이 결정이 됩니다.

무형의 기계장치들은

태풍이 성장하면 같이 성장하고

태풍이 쇠퇴하거나 소멸하면 같이 소멸하게 됩니다.

태풍의 씨앗 속에는

수와 풍을 담당하는 하늘의 에너지체들과

무형의 기계장치들과

태풍에 대한 모든 프로그램이 함께 실려 있습니다.

태풍의 눈에는 태풍의 컨트롤 센터가 있으며

이것을 태풍의 의식이라 합니다.

태풍의 눈에 있는 컨트롤 센터와

지구 행성의 지수화풍을 컨트롤하는 중앙 센터와

연결되어 있습니다.

태풍의 씨앗은

태풍의 의식으로 성장이 이루어집니다.

태풍의 의식은

지수화풍의 중앙 컨트롤 센터에서 에너지와 정보를 지원받으면서

생로병사의 길을 걷게 됩니다.

태풍에 대한

눈에 보이지 않는 세계의 비밀을

인류의 의식의 눈높이에 맞추어

의식이 깨어나고 있는 빛의 일꾼들과

새 하늘과 새 땅에서 살아가야 할

의식이 깨어나야 할 하늘 사람들을 위해

살아남아 새로운 정신문명을 펼칠 인류들을 위해

우데카 팀장이

태풍에 숨겨진

눈에 보이지 않는 세계의 비밀을

대우주의 비밀을 기록으로 남깁니다.

인류의 건승을 빕니다.

태풍이 만들어지는
보이지 않는 세계의 기전

태풍은 의식을 가진 생명체입니다.
태풍의 의식을 직접 주관하고 있는 곳은 13차원의 하늘입니다.
태풍은 지구 행성의 생명 유지 시스템과 연동되어 있습니다.

태풍의 의식을 담당하는 13차원은
지구 행성의 가이아 의식 시스템의 명령을 받고 있습니다.
지구 행성의 가이아 의식은 18차원 18단계의
창조주 의식이 주관하고 있습니다.

태풍은 현재의 인류 의식으로는
고위도와 저위도의 열평형을 이루기 위해
자연적으로 발생한다고 알고 있습니다.
태풍은 현재의 인류 의식으로는
저위도 지방의 활발한 대류 작용과 잠열의 방출 등으로
자연적으로 발생한다고 알고 있습니다.

태풍은 인류의 의식의 눈높이에서 보면
자연적으로 발생하는 것처럼 보일 것입니다.
태풍은 하늘의 목적이 있기에 탄생됩니다.
태풍이 만들어지는 보이지 않는 세계의 기전은
다음과 같습니다.

태풍은 생로병사를 가지고 있는
의식을 가지고 있는 생명체입니다.
거대한 태풍일수록 큰 의식을 가지고 있습니다.
하나의 태풍이 탄생되어 소멸될 때까지 약 35일 정도가 소요됩니다.

태풍을 탄생시키는 하늘의 의지에 따라
태풍이 발생되는 위치와 경로가 결정됩니다.
태풍을 탄생시키는 하늘의 의지에 따라
태풍의 강도와 세기가 결정됩니다.

태풍을 탄생시키는 하늘의 목적이 정해지면
태풍을 탄생시킬 수 있는
태풍의 씨앗이 해당 지역의 바다에 뿌려지게 됩니다.
태풍의 씨앗이 뿌려질 때
태풍의 강도와 세기에 맞는 무형의 기계장치가 함께 뿌려지게 됩니다.

태풍이 발생되는 지역에
태풍을 발생시키는 무형의 기계장치는 고정된 것이 아니라
하늘의 에너지가 주입되면 자동적으로 성장할 수 있는
무형의 기계장치가 됩니다.

태풍의 씨앗이 뿌려질 때
18차원의 천사들의 배치가 함께 이루어집니다.
18차원의 천사들의 명령을 받는
수많은 천사 그룹들이 배치되어 활동을 시작하게 됩니다.

중심기압 930 헥토파스칼인 태풍 하나를 발생시키기 위해서

무극의 천사들은 10여명

태극의 천사들은 100여명

11차원 천사 500여명

9차원의 천사 2,000여명

7차원의 천사 50,000여명

5차원의 천사 200,000여명 정도가 함께 파견되어

작전을 수행하듯 진행하게 됩니다.

태풍을 만드는데 가장 많이 동원되는 하늘의 에너지체는

7차원의 에너지체인 용분들이 많은 역할을 담당하고 있습니다.

7차원에서 물을 담당하고 있는 천사들과

바람을 담당하고 있는 천사들이 대거 파견되어 활동을 시작하고 나면

인류의 과학지식으로 설명할 수 있는

열대성 저기압이 탄생하게 되는 것입니다.

태풍을 발생시키는 무형의 기계장치에

지속적인 에너지 공급이 이루어지면서

태풍이 발생하는 주변지역의 해류의 흐름과

대기의 흐름 등이 변화가 시작되면서

태풍의 전단계인 열대성 저기압이 발생합니다.

열대성 저기압이 발생이 되면

태풍의 세기와 강도에 따라 배치되는 천사들이

추가적으로 투입이 되며

태풍을 탄생시키는 무형의 기계장치에도
지속적인 하늘의 에너지 주입이 있어야
열대성 저기압이 열대 폭풍으로 발전하게 됩니다.

열대 폭풍이 천사들의 활동에 의해 태풍으로 성장이 되면
태풍의 눈이 만들어지면서
태풍의 눈 안에 태풍의 의식이 탄생됩니다.
태풍의 눈 안에 탄생한 태풍의 의식은
13차원과 18차원의 의식과 연결되어
상부의 명령을 따르는 체제로 전환이 이루어집니다.

태풍의 의식이 탄생되는 순간
태풍의 세기와 강도가 입력이 이루어지며
태풍의 경로가 입력이 이루어집니다.
태풍의 의식이 탄생이 되고 나면
채널러들은 태풍의 의식과 대화를 할 수 있습니다.
태풍의 의식이 탄생이 되고 나면
태풍을 탄생시키는데 역할을 한 천사 군단들은
태풍의 의식과 연결되어 상부의 명령에 따라
태풍의 성장과 태풍의 경로에 지속적인 영향을 미치게 됩니다.

태풍에 배치된 천사들은
태풍의 경로상에 있는 주변의 기압들을 재배치하기 시작합니다.
태풍의 의식에 입력된 태풍의 비바람의 세기와 강도에 따라
비구름을 만들고 기압을 낮추는 역할을 수행합니다.

태풍에 배치된 천사들은
18차원의 컨트롤 센터의 감독과
13차원의 컨트롤 센터의 지휘에 따라
태풍에 구름을 공급하게 됩니다.
태풍에 수증기를 공급하여 비를 만듭니다.
태풍이 예정된 경로를 따라
태풍이 예정된 크기와 세기를 가지고 진행할 수 있도록
태풍에 필요한 모든 상황들을 일사분란하게 처리하게 됩니다.
태풍의 크기와 강도는
태풍에 배치된 하늘의 천사들의 규모에 의해 결정이 됩니다.

태풍을 만들기 위해
하늘의 천사들은 자신들이 만든 비와 바람을 다 견뎌 내면서
그 상황을 온몸으로 견디면서
하늘의 일을 수행하고 있는 것입니다.
태풍 하나를 탄생시키기 위해
보이지 않는 세계에서
얼마나 많은 천사들이 투입되어 일하고 있는지 모릅니다.
하늘의 천사들의 도움이 있기에
하늘의 천사들의 희생과 봉사가 있기에
태풍이 탄생할 수 있는 것입니다.

태풍의 의식은
태풍에 배치된 천사들과의 의식의 교류와 협력속에서
태풍으로서의 위력을 갖추게 됩니다.

태풍이 원자폭탄보다 수만배 이상
큰 힘을 낼 수 있는 것은
자연의 힘에 천사들의 힘이 더해져서 탄생되는 것입니다.

큰 태풍일수록 하늘의 의지가 강하게 들어 있습니다.
태풍은 태풍의 피해를 보는 지역에
보이지 않는 세계에서의 국면전환이 일어나고 있음을 알리는
상징 코드입니다.

큰 태풍이 지나가는 곳일수록
큰 태풍이 불어오는 곳일수록
그 지역에 기존과는 다른 새로운 변화를 알리는 상징 코드로서
하늘은 메시지를 전하고 있습니다.

태풍은 변화를 알리는 신호입니다.
태풍은 새로운 시작을 알리는 신호입니다.
태풍은 큰 바람을 통해 하늘의 소식을
식물과 동물들에게 전하는 역할이 있습니다.

태풍은 큰 바람에 하늘의 메시지를 실어
하늘의 뜻을 땅에 있는 생명체들에게 전하는 역할이 있습니다.
태풍은 큰 바람에 하늘의 메시지를 실어
땅에 있는 생명체들에게
미래에 일어날 일들을 알려주고 있으며
아픔을 위로하고 달래주는 역할이 있습니다.

태풍은 큰 바람입니다.
하늘의 전령사인 큰 바람을 통해
하늘의 뜻을 땅에 전하고 있습니다.

지금 큰 바람이 하늘에서 불고 있습니다.
바람이 전하는 소리를 들어보시기 바랍니다.
하늘이 빛의 일꾼들의 가슴을 향해
큰 바람인 태풍으로 다가오고 있습니다.
하늘이 새 하늘과 새 땅에서 살아갈
하늘 사람들의 의식을 깨우기 위해
지금 하늘에선 큰 바람이 불고 있습니다.

태풍에 대한 정리의 필요성이 있어
우데카 팀장이
이 글을 기록으로 남깁니다.

빛의 일꾼들과 하늘 사람들의 건승을 빕니다.

아틀란티스 대륙과
레무리아 대륙의 융기

지축 이동은 7번에 걸쳐 일어날 것입니다.
대륙의 침몰과 대륙의 융기가 일어나는 시기는
지축 이동 4번째와 5번째에 해당됩니다.
이 시기에 적도 부근에 있는 많은 섬들이 피해를 입게 될 것입니다.
적도 부근에 있는 섬(나라)들의 침몰과 융기로 인하여
지금과는 다른 새로운 지형들이 탄생하게 될 것입니다.

대서양 앞바다에 침몰했던
아틀란티스 대륙이 융기하게 될 것입니다.
아틀란티스 문명은 지구의 역사상
물질문명이 가장 발달했던 문명입니다.
호모 사피엔스 이전의 휴머노이드형 모델이 건설한 문명이었으며
뮤 문명과의 핵전쟁으로 멸망한 문명입니다.
얼음천공을 파괴하여 대홍수를 일으켰으며
수정(크리스탈) 문명의 고차원 과학기술을 보유하고 있었습니다.
아틀란티스 대륙이 침몰할 때 살아남은 사람들이
지하로 들어가서 지하문명을 건설하였습니다.

아틀란티스 대륙의 융기와
레무리아 대륙의 융기는
새 하늘과 새 땅의 출현을 의미하는 상징성이 있습니다.

지금은 지구 행성의 역사에서 지워지고 잊혀져
신화나 전설의 이야기의 형태로 남아 있습니다.
아틀란티스 대륙의 융기와
레무리아 대륙의 융기는
지저인들과 현인류의 만남을 의미합니다.
아틀란티스 문명의 귀환을 의미합니다.
레무리아 문명의 귀환을 의미합니다.
아틀란티스 문명과 레무리아 대륙이
지구 역사에 다시 편입됨을 의미합니다.

아틀란티스 대륙과 레무리아 대륙의 융기는
살아남아 지저문명을 이루고 사는
아틀란티스인들과 레무리아인들에게는
자신들이 돌아갈 고향이 생기는 것입니다.
아틀란티스 대륙의 융기 후
레무리아 대륙의 융기 후
이곳에 입주할 사람들의 입주 계획이 치밀하게
하늘에 의해 준비되어 있습니다.

고도의 과학기술 문명을 이루고
지저에 살고 있는 아틀란티스인들과
지저에 살고 있는 레무리아인들은
지구 행성의 차원상승과 함께
자신들의 조상들이 살던 고향땅으로
돌아올 날을 손꼽아 기다리고 있습니다.

융기되는 두 대륙에서 살아갈 인자들과

지저에 남을 인자들로 분류되어 있으며

모든 준비를 갖추고

지구 행성의 차원상승이 성공적으로 이루어지기만을

숨죽이며 지켜보고 있습니다.

많은 지저인들이 지구 행성의 차원상승에 관여하고 있습니다.

지저인들의 미래는 인류의 미래의 운명과도

밀접한 관련이 있기 때문입니다.

융기되는 아틀란티스 대륙의 크기는 크지 않을 것이며

호주 대륙의 30% 정도의 넓이가 될 것입니다.

태평양 앞바다에 침몰했던 레무리아 대륙의 크기는

호주 대륙의 55% 정도의 크기로 융기가 될 예정입니다.

두 대륙의 크기는 인류가 생각하는 것보다 크지 않을 것입니다.

두 지역은 특수한 지역이 될 것이며

지저인들과 인류가 공존하면서

새로운 정신문명의 꽃을 피우게 될 것입니다.

지저인들은

현재 인류의 과학기술보다도 훨씬 높은 과학기술 문명을

이미 최소 50만 년 전에 이루고 살았습니다.

50만 년 동안 지속적으로 과학기술과 정신문명을 발달시켜 왔습니다.

지저인들은 인류의 의식 수준에서 상상할 수 없는

높은 수준의 물질문명과 정신문명이 조화롭게 균형을 갖춘

문명을 건설하였습니다.

아틀란티스 대륙의 융기와
레무리아 대륙의 융기로 인하여
지하문명의 실체가 인류 앞에 드러날 것입니다.

지구 행성의 차원상승에서
지저인들은 현재의 인류와 함께 동행하고 있습니다.
지구 행성의 차원상승을 돕기 위해
많은 아틀란티스인들과 레무리아인들이
육신의 옷을 입고 육화해 인류와 함께 살고 있습니다.
지축 이동 후
안전지대인 역장 안에서 인류들을 돕기 위해
먼저 차원상승을 이룬 지저인들이 도움을 준비하고 있습니다.

새 하늘과 새 땅의 하늘에서의 시작은
얼음천공의 설치이며
새 하늘과 새 땅의 땅에서의 시작은
아틀란티스 대륙의 융기이며
레무리아 대륙의 융기가 될 것입니다.

그렇게 될 것이며
그렇게 예정되어 있으며
그렇게 되었습니다.

하늘 사람 어디있나

아~
이 세상 사람들아 하늘 말 좀 들어보소
세상 천지 만물 중에 사랑밖에 더 있더냐
사람이라 다 사람인가
사람이라 다 사람인가
삼라만상 삼라만상 천라지망 천라지망
하늘이 펼쳐놓은 저 그물에
안 걸린 자 누구더냐
삼라만상 천라지망 삼라만상 천라지망
사람이라 다 사람인가

하늘아~ 하늘아~ 하늘아~
슬피마소 슬피마소
땅들아 땅들아 하늘이 원망터냐
하늘이 무심터냐 하늘이 무심터냐
하늘도 아프고 땅도 아프고
하늘이 닿고 땅이 닿고
그 중에 하늘사람 어디있나 어디있나

하늘이 맞닿고 땅이 맞닿은 곳에
하늘 사람 있더냐
하늘이 내리고 또 내렸거늘
어디갔노 어디갔노
삼라만상 천라지망 삼라만상 천라지망
이 천지 만물 중에 사랑밖에 또 있더냐
어화둥둥 어화둥둥

하늘아 땅들아
슬피마소 슬피마소
하늘이 내려오고 땅으로 내려와도
하늘을 몰랐더냐 하늘을 몰랐더냐
아~ 불쌍하고 불쌍하다
이 내 중생 불쌍하다
하늘이 울어도 하늘이 울어도
감응할 자 어디 있나 감응할 자 어디 있나
하늘이 하늘이 슬프고 슬프도다
어화둥둥 어화둥둥

땅들에 땅들에 하늘과 맞닿은 자

어디 있는지 어디 있는지

찾는 자도 없구나

찾는 자도 없구나

하늘을 베개 삼아 이리저리 떠돌아도

하늘을 하늘을 몰라보고

하늘을 몰라보고

외롭고 외롭구나 외롭고 외롭구나

어화~ 어화둥둥

하늘을 몰랐구나

불쌍하고 불쌍한 이 내 중생 구원하사

하늘을 몰랐구나 하늘을 몰랐구나

하늘을 원망마라 하늘을 원망마라

다~ 보여주고 보여주기 수만 번이 아니더냐

하늘도 땅들을 원망한다

보여주고 보이거늘 하늘을 몰랐구나

땅을 말고 땅을 펼 때 (지축 이동 때에)

땅을 말고 땅을 펼 자

하늘 사람 하늘 사람 어화둥둥 하늘 사람

하늘이 다 있고 땅들도 다 있다
하늘 사람 어디 있나 하늘 사람 어디 있나
땅을 말 때 하늘 사람 어디 있나
땅을 펼 때
하늘 사람 그 어디에 있을까나
어화둥둥 어화둥둥 어화둥둥 어화둥둥
슬퍼 마라 슬퍼 마라 땅들아 슬퍼 마라
다 보았거늘 다 보았거늘
하늘을 본 자가 그 어디에 있더냐
하늘을 본 자가 그 어디에 있더냐
굽어 굽어 살펴보니
하늘을 본 자가 그 어디에 있더냐

하늘이 내렸거늘
하늘이 내렸거늘
하늘이 내렸거늘
하늘이 내렸거늘
땅들아 원망 마라 아프고 아픈 날에
하늘을 내렸거늘 아프고 아픈 날에
하늘을 원망 마라 하늘을 원망 마라

땅을 펴고 땅을 말 때
하늘 사람 어디 있나
하늘 사람 어디 있나
하늘 사람 어디 있나
원망 마라 원망 마라 슬퍼 마라 슬퍼 마라
하늘도 아프고 하늘도 슬프다
땅을 말고 땅을 펼 때
하늘 사람 어디 있나
어화둥둥 어화둥둥 어화둥둥 어화둥둥
어화둥둥 어화둥둥 어화둥둥 어화둥둥
어화둥둥 어화둥둥 다 주었다 다 주었다
다 주었다 다 주었다 다 주었다
하늘 사람이 다 주었다 다 주었다
받은 자가 어디 있나
하늘 사람 받은 자가 그 어디에 있을까나

하늘이 땅을 보니
하늘이 땅을 보니
감응한 자 그 있나
감응한 자 거기 있나

대답 좀 해보소 대답 좀 해보소
하늘도 아프고 하늘도 슬프다
그 날과 그 때에 그 날과 그 때에
하늘 사람 어디 있나
하늘 사람 어디 있나
하늘 사람 어디 있나
하늘은 다 주었다 하늘은 다 주었다

어화둥둥 어화둥둥
어화둥둥 어화둥둥
어화둥둥 어화둥둥
어화둥둥 어화둥둥
어화둥둥 어화둥둥
하늘은 다 주었다 하늘은 다 주었다

제5부

하늘이 일하는 방식

모든 선의 기원은 하늘입니다.
모든 악의 기원은 하늘입니다.
하늘은 선하지도 않으며
하늘은 악하지도 않습니다.
인명은 재천이라
하늘은 살릴 사람은 반드시 살릴 것이며
하늘은 죽을 사람은 반드시 죽게 할 것입니다.
하늘이 정한 그 길대로 가게 될 것입니다.

선과 악의 기원에 대한 정리

인간의 탄생은 생명의 탄생입니다.
생명의 탄생은 의식의 탄생을 말합니다.

의식의 탄생은 성격의 탄생을 말합니다.
성격의 탄생은 인격의 탄생을 말합니다.

인격의 탄생은 감정의 탄생을 말합니다.
감정의 탄생은 선과 악의 탄생을 말합니다.

선과 악의 기원은 감정(혼의식)의 작용입니다.
선과 악이 종교의 탄생에 기원이 되었으며
선과 악 중에서 악의 것을 모두 제거하고 남은
순수한 선을 신이라고 정의하였습니다.

인간이 가진 감정과 의식에서
악한 것을 제외하고 나면
선한 것만이 남게 되는데
이것이 인류의 의식의 눈높이에서 탄생한
잘못된 신의 기원이며
오염된 신의 탄생입니다.

모든 선의 기원은 하늘입니다.
모든 악의 기원은 하늘입니다.
하늘은 선하지도 않으며
하늘은 악하지도 않습니다.

하늘의 기원은 신이며
모든 신의 기원은 창조주입니다.
모든 선한 것의 기원은 창조주이며
모든 악한 것의 기원 역시 창조주입니다.

선과 악은 에너지의 다양한 스펙트럼이며
선과 악은 에너지의 다양한 작용이며
선과 악은 에너지의 다양한 변형일 뿐입니다.

땅에 있는 모든 것은
하늘에서 왔습니다.
땅에 있는 모든 것은
창조주의 의식에서 기원하였습니다.
하늘의 계획이 있기에
땅에서의 펼쳐짐이 있었습니다.
하늘의 의지가 있기에
땅에서 생명의 순환의 주기가 있었습니다.

땅에 펼쳐진 모든 선과 악의 근원은
창조주의 의식에서 기원하였습니다.

땅에서 펼쳐진 옳고 그름의 정의의 기원 역시
창조주의 의식에서 기원하였습니다.
땅에서 펼쳐진 모든 아름다움과 추함의 근원은
창조주의 의식에서 기원하였습니다.
창조주의 의식은 모든 에너지의 기원이며
창조주의 의식은 모든 생명의 기원입니다.
창조주의 의식은 모든 생명의 호흡이며
모든 생명의 숨결입니다.

땅에 펼쳐진 모든 것들은 때가 되면
하늘로 돌아가는 것이
대우주의 순리이며
대우주의 순행의 법칙입니다.

에너지의 법칙 속에
대우주의 순행이 있으며
에너지의 작용 속에
대우주의 진화가 있으며
대우주의 진리가 펼쳐지고 있습니다.

에너지의 변화 속에
삼라만상의 드러남과 감추어짐이 있습니다.
에너지의 변형 속에
물질계와 비물질계의 경계가 나누어졌습니다.

모든 것은 에너지의 작용이며
에너지는 바람이며
바람은 생명의 숨결이며
바람은 생명의 호흡이며
바람은 생명과 생명 사이를 흐르는
창조주의 숨결이자 호흡입니다.

하늘과 땅 사이에
바람이 불고 있습니다.
바람은
하늘의 소식을
땅에 전하는 전령이며
땅의 소식을
하늘에 전하는 전령입니다.

하늘과 땅 사이에
큰 바람이 불고 있습니다.
하늘이 땅이 되고
땅이 하늘이 되었습니다.
하늘이 땅으로 내려왔습니다.

물질문명을 종결하기 위해
새로운 정신문명을 열기 위해
하늘이 땅으로 내려왔습니다.

선과 악의 모든 논쟁을 종결짓기 위해
정의의 방식을 종결짓기 위해
물질 매트릭스를 새롭게 설치하기 위해
실험행성과 종자행성을 완성하기 위해
대우주의 6주기를 마무리하기 위해
대우주의 7번째 주기를 열기 위해
대우주의 차원상승을 위해
지구 행성의 차원상승을 위해
모든 선과 악의 근원인 하늘이
하늘 스스로 창조한 모든 것을
하늘 스스로 종결짓기 위하여
하늘이 땅으로 내려왔습니다.

그렇게 될 것이며
그렇게 예정되어 있으며
그렇게 되었습니다.

어둠의 정부에 대한 정리

어둠의 정부를 모르는 사람과
인류의 역사를 이야기한다는 것은 코미디와도 같습니다.
어둠의 정부를 모르는 사람과
인류의 정치와 경제를 이야기한다는 것은
우물 안 개구리가 세상을 보는 것과도 같습니다.

땅에 있는 모든 것은 다 하늘로부터 온 것입니다.
땅에 있는 선한 것과
땅에 있는 악한 것은 하늘로부터 온 것입니다.
사탄이라는 에너지체를 만드신 분도 창조주입니다.
귀신이라는 에너지체를 만든 분도 창조주입니다.
천사라는 에너지체를 만든 분도 창조주입니다.
모든 선과 악의 기원은
창조주로부터 시작되었습니다.

어둠의 근원 역시 창조주입니다.
빛의 근원 역시 창조주입니다.
빛과 어둠의 근원 역시 창조주입니다.

지구 행성에 물질의 매트릭스를 펼친 분도 창조주입니다.
지구 행성에 온갖 종교 매트릭스를 펼쳐 놓은 것도 창조주입니다.

지구 행성을 우주의 감옥행성으로 만든 것도
지구 행성을 우주에서 어둠이 가장 짙은 행성으로 계획한 것도
창조주입니다.
지구 행성에서 사는 것이 다른 행성에서 사는 것보다
12배가 힘들게 영혼의 물질 체험을 하도록 만든 것도 창조주입니다.
지구 행성을 생지옥으로 만든 것도 창조주입니다.

세상을 이 모양 이 꼴로 기획하고 만든 것도 창조주입니다.
당신이 지금 지구 행성에서 이 모양 이 꼴로 살고 있는 것도
알고 나면 창조주의 계획 때문입니다.
당신의 삶이 별볼일 없고
이렇게도 불평등한 세상에서
정의를 바로 세우기 위해 싸우면서 살고 있는 것도
창조주 때문입니다.

당신이 이 모양 이 꼴로 살고 있다면
그만한 이유가 있는 것입니다.
지구 행성이 이 모양 이 꼴인 이유 역시
그만한 이유가 있는 것입니다.

어둠의 정부를 지구 행성에서 운영하고 있는 것도 창조주입니다.
어둠의 정부를 구성하고 있는 13가문을 만든 것도
운영하고 있는 주체 역시도 창조주입니다.
어둠의 정부를 통해
지구 행성에 물질 매트릭스를 설치한 것도 창조주입니다.

어둠의 정부를 통해
지구 행성에 온갖 종교 매트릭스를 설치한 것도 창조주입니다.
어둠의 정부를 통해
지구 행성에 사회, 정치, 경제, 문화에 이르기까지
온갖 물질 매트릭스를 설치하라고 지시한 것도 창조주입니다.

13가문의 어둠의 정부 중
한국에 2개의 어둠의 가문이 있으며
어둠의 정부의 수장은 한국이 맡고 있습니다.

어둠의 정부 13가문을 관리하는 곳은
멜기세덱 그룹의 우주 함선입니다.
어둠의 일꾼 24만 명과
어둠의 일꾼들의 협력자인 1억 2천만 명을
땅으로 내려보낸 분도 창조주입니다.

어둠의 정부 13가문을 만들고
어둠의 정부 13가문을 운영하고
어둠의 정부 13가문을 관리하는
보이지 않는 세계에서 하늘의 최고 책임자는 창조주입니다.

어둠의 정부 13가문은 그 하부 조직으로
그림자 정부와 일루미나티와 프리메이슨과
예수회 조직을 비롯한 수많은 비밀 조직들을 통해
지구 행성을 운영하고 관리해 왔습니다.

어둠의 정부 13가문에게
지구 행성에 새로운 매트릭스를 설치하고
지구 행성의 화폐 매트릭스를 관리하고
지구 행성의 종교 매트릭스를 운영하고
지구 행성에 설치된 모든 매트릭스들을
보수하고 운영하라는 권한을 부여한 것도 창조주입니다.

빛의 일꾼 144,000명을 지구 행성에 보낸 것도 창조주입니다.
빛의 일꾼을 돕는 1억 2천명의 협력자들을 지구 행성에 보내
빛과 어둠의 치열한 양극성의 실험을 진행한 것도 창조주입니다.

우주에서 죄를 지은 죄인들을
지구 행성에 모두 모아 놓고
그들의 카르마의 보따리들을 모두 풀어 놓고
서로 얽히고섥킨 카르마들을 풀어 보라고
지구 행성을 죄인들의 소굴로 만든 것도 창조주입니다.

개방형 은하에서
우주 해적으로 살던 영혼들을
지구 행성에 모아 놓고
그들의 카르마의 보따리들을 모두 풀어 놓게 하여
지구 행성이 마약으로 찌들게 하고
마피아와 조폭들의 세상을 만들게 하고
온갖 범죄자들로 가득 차게 만든 것도 창조주입니다.

대우주의 6주기를 마무리하기 위해
대우주의 7주기를 새롭게 시작하기 위해
우주의 카르마들을 모두 모아놓은 곳이 지구 행성입니다.
창조주의 명령을 받아 행성을 운영하던 영단 관리자들이
행성의 운영을 잘못하여 멸망의 책임이 있는 영혼들이
자신들의 카르마를 해소하고
자신들의 행성을 재건하기 위해
원죄를 지은 외계인들이
인간의 외투를 입고 지구 행성에 들어와 살고 있습니다.

대우주의 6주기가 진화하는 동안
우주의 카르마를 지은 영혼들이 모두 지구 행성에 입식되었습니다.
이들 중에는 자신들의 카르마를 모두 해소하고
자신들의 행성을 재건할 영혼들이 있는 반면에
영혼의 소멸을 앞둔 영혼들 또한 함께하고 있습니다.

지구 행성은 우주의 중죄인들이 모여 있는 곳입니다.
이러한 이유 때문에 지구 행성은 우주에서 어둠이 가장 짙은
어둠의 행성이 될 수밖에 없었으며
감옥행성이 될 수밖에 없었습니다.

창조주의 의지에 의해
어둠이 가장 짙은 지구 행성은
지구 행성의 개벽 이후에
우주에서 가장 빛나는 보석 행성이 될 예정입니다.

창조주의 의지에 의해
가장 어둠이 짙은 행성이었던 지구 행성은
대우주의 제로 포인트가 끝나고 나면
지구 행성의 차원상승이 이루어지고 나면
창조주께서 직접 통치하는
물질세계의 자미원이 될 예정입니다.

창조주의 의지에 의해
가장 어둠이 짙은 어둠의 행성이었으며
우주에서 죄를 짓고 온 영혼들의 감옥행성이었던 지구 행성은
창조주께서 직접 통치하는
물질세계의 파라다이스가 될 예정입니다.

시절인연이 되어
우데카 팀장이
창조주에 대한 불편한 진실을 전합니다.

시절인연이 되어
우데카 팀장이
의식이 깨어나고 있는 빛의 일꾼들과
의식이 깨어나고 있는 하늘 사람들에게
대우주의 비밀을 전합니다.

인류의 건승을 빕니다.

어둠의 정부가 운영되는 원리

어둠의 정부란
인류의 의식의 눈높이에선 그림자 정부라고 합니다.
어둠의 정부를 움직이고 있는 실체는 하늘이며
구체적으로 말하면 창조주입니다.

어둠의 정부를 구성하고 있는
하늘의 조직도는 다음과 같습니다.

첫번째 : 어둠의 13가문

• 어둠의 정부 13가문의 수장은
  14차원의 특수 행정가 그룹에서 맡고 있습니다.

• 어둠의 정부 소속 13가문 중 5개 가문의 수장은
  하늘로부터 직접 명령을 받고 있으며
  창조주의 신성한 명령을 수행하고 있습니다.

• 어둠의 정부 수장의 지능은 IQ 300 정도의 수준이며
  영적인 능력을 통해
  하늘의 뜻을 땅에 펼치는 역할이 있습니다.

• 어둠의 정부 5가문이
  나머지 8개 가문과 혈연 동맹을 기반으로
  권력의 지분을 나누는 형태로 이루어져 있습니다.

- 어둠의 정부의 역할은 지구 행성에
  물질 매트릭스를 설치하고 관리하고
  보수하고 운영하는 역할이 있습니다.
- 어둠의 정부를 도와주는 그룹으로는
  멜기세덱 그룹이 있으며
  데이날 그룹이 있으며
  지저인 그룹이 있습니다.
  지저인들은 자신들의 발달된 과학기술 문명을
  지구 행성에 전해주는 역할이 있습니다.
  렙탈리언 인종의 수뇌부와
  파충류 외계인들의 수뇌부가 돕고 있습니다.

- 어둠의 정부 13가문을 움직이는 보이지 않는 손은
  14차원 15단계의 천상정부 최고관리자 그룹에서 맡고 있습니다.
- 어둠의 정부의 수뇌부들은
  하늘로부터 구체적인 시나리오들을 담은 내용들을
  문서의 형태로 제공받고 있으며
  이것을 수행하는 하늘과 땅의 비밀 조직들이 운영되고 있습니다.
- 어둠의 정부의 운영 방식은
  혈연을 제일 중요시하며
  방주를 중심으로 하는 단일 명령체제로 움직이고 있습니다.
- 어둠의 13가문을 상징하는 심벌로 서로를 알아보며
  갈등과 분쟁 없이 하나의 전체의식 속에서
  일사불란하게 움직이는
  하늘이 만든 물질세계의 조직입니다.

- 하늘의 뜻을 땅에서 집행하는 역할을 하며
  지구 행성을 실제로 운영하는 운영 주체들입니다.
- 어둠의 정부의 상층부는
  하늘의 완전한 통제 속에 있으며
  하부 조직으로 내려갈수록
  자신의 역할과 관련된 임무 외에는
  아무것도 모르는 비밀 조직으로 운영되고 있습니다.
- 어둠의 정부의 중간 관리나 하부 조직들은
  자신이 무슨 일을 하는지 알지 못하며
  오직 명령만을 수행하고 있으며
  이들의 의식과 감정들은 하늘에 의해 관리되고 있습니다.

- 한국의 역사는
  한국을 담당하고 있는 어둠의 정부의 회의에서 이루어지고 있으며
  철저하게 관리되고 통제되고 있습니다.
- 한국에 있는 어둠의 정부의 수장이
  어둠의 13가문을 대표하는 수장을 맡고 있습니다.

두번째 : 멜기세덱 그룹

- 어둠의 정부가 현실 세계에 조직을 갖춘 조직이라면
  멜기세덱 그룹들은 조직이 없으며
  오직 개별적으로 어둠의 역할을 하고 있습니다.
- 멜기세덱 그룹은 어둠의 역할을 하기 위해
  특수하게 훈련받은 영혼들입니다.
  멜기세덱 그룹은 11차원과 13차원 15차원으로 구성되어 있습니다.

- 멜기세덱 그룹의 조직은 다음과 같습니다.

  15차원 : 760명이 활동 중에 있습니다.

  13차원 : 1,440명이 활동 중에 있습니다.

  13차원 : 1,680명의 데이날 그룹이 활동 중에 있습니다.

  넓은 의미에서 데이날 그룹은

  멜기세덱 그룹의 하부 조직입니다.

  3,880명의 멜기세덱 그룹 중에

  240명은 하늘과 연결되어 있습니다.

  240명의 수뇌부들은 하늘로부터 직접 임무를 하달받고

  각국의 정부들을 실제적으로 돈을 통해 움직이고 있습니다.

- 240명은 영직인 능력이 매우 뛰어나며

  지능 또한 250 이상으로

  일반인들이 상상할 수 없는 인물들입니다.

- 전세계에 있는 240명의 멜기세덱 수뇌부들에 의해

  전세계 정부들과 멜기세덱 그룹들에게 정보를 주고 있으며

  어둠의 정부와 협력관계에 있습니다.

- 멜기세덱 그룹을 관리하는 우주 함선이 있으며

  이 함선을 통해 멜기세덱 그룹들은 관리되고 통제되고 있습니다.

- 240명의 멜기세덱 수뇌부를 제외한 나머지 그룹들은

  자신의 우주적 신분을 알지 못한 채

  정부의 요직에서 일하고 있습니다.

  대부분의 멜기세덱 그룹들은

  사회의 각계 각층에서 어둠의 역할을 수행하고 있습니다.

이들은 영적인 능력이 없으며
욕심이 많고 욕망이 큰 사람들로서
전형적인 기회주의자와 위선자의 삶을 살도록
전문적으로 훈련된 어둠의 일꾼들입니다.

• 멜기세덱 그룹은 선전 선동에 능하며
데이날 그룹들과 연합하여
행성의 물질 매트릭스를 설치하고 운영하는 주체들입니다.
멜기세덱 함선에서
이들의 감정선과 의식선을 관리하고 통제하면서
느낌을 통해 직관을 통해 아이디어를 통해
장기판의 말판처럼 하늘에 의해 움직이지만
자신의 운명에 대해선 아무것도 알지 못하는
슬픈 운명을 가진 어둠의 일꾼들입니다.

세번째 : 데이날 그룹
• 어둠의 정부가 하늘로부터 받는 업무와
멜기세덱 그룹이 하늘로부터 받는 업무들을
이슈화하고 확산시키는 그룹이 데이날 그룹입니다.
• 사회 유명인사들이 많으며
권위있는 학자와 교수 그룹들과
전문 엘리트들로 구성되어 있습니다.
• 하늘의 진리를 인간의 의식의 눈높이로
전환하고 왜곡시키고 대중화하고
물질 매트릭스를 강화시키는 역할을 맡고 있습니다.

- 데이날 그룹 역시 수뇌부들은
  멜기세덱 그룹의 명령과 함께
  하늘에 의해 관리되고 통제되고 있습니다.
  13차원에 1,680명이 있으며
  11차원과 9차원에 하부 조직을 두고 있습니다.

- 수뇌부를 제외한 데이날 그룹들 역시
  자신의 우주적 신분을 알지 못한 채
  사회 유명인사들로 살면서
  그때 그때 상황에 맞는 선택을 하며 살고 있는
  그 사회의 최고 엘리트 그룹을 말합니다.
  하늘에 의해 감정선과 의식선이 관리되고 있으며
  자신이 어둠의 역할을 하고 있다고는
  한번도 생각한 적이 없는 그룹들입니다.

네번째

- 어둠의 정부와
  멜기세덱 그룹을 도와주고 있는
  어둠의 역할을 맡고 있는 여러 그룹들 역시
  수뇌부들은 자신의 임무와 역할을 잘 알고 있습니다.

- 이들은 하늘이 일하는 방식을 알고 있으며
  이들은 하늘의 실체를 잘 알고 있으며
  행성을 운영해 본 경험이 있는 영혼 그룹들입니다.

- 자신의 우주적 카르마를 해소하는 방법으로
  지구 행성에 물질 매트릭스를 짙게 설치하고 운영하는데
  기술적인 조언을 하는 그룹들입니다.

- 전세계 마피아와 야쿠자와 조직 폭력배들은
  우주 해적들의 수뇌부와 연결되어 있으며
  이들은 어둠의 정부와 멜기세덱 그룹과도 연결되어 있습니다.
- 파충류 외계인들과 렙탈리언 외계인들은
  지구 행성에 그들의 발달된 과학기술 문명들을
  어둠의 정부와
  멜기세덱 그룹과 데이날 그룹에게 전달하는 역할이 있는
  외부지원팀 소속의 영혼 그룹들입니다.

- 이들 모두는 하늘에 의해
  한 치의 오차없이 관리되고 통제되고 있습니다.

어둠의 역할을 맡고 있는 모든 영혼 그룹들은
영이 탄생될 때 특별한 사고조절자를 창조주로부터 부여받고
하늘에서 고도로 훈련된
어둠의 역할을 맡고 있는 훌륭한 조연들입니다.

영혼의 물질 체험을 할 수 있도록
물질 매트릭스를 설치하고 관리하고 운영하는 것이
하늘이 존재하는 이유입니다.
하늘에 의해 선과 악이 땅에 펼쳐졌습니다.

하늘에 의해 물질의 시대에
종교 매트릭스가 설치되고 운영되었습니다.

하늘에 의해 물질의 시대에
민주주의와 사회주의가 펼쳐졌습니다.
하늘에 의해 물질의 시대에
보수와 진보가 펼쳐졌습니다.
하늘에 의해 물질의 시대에
영혼의 물질 체험을 흥미진진하게 하기 위해
영혼의 물질 체험의 리얼리티를 위해
수많은 모순들이 하늘에 의해 펼쳐졌습니다.

물질의 시대에
물질의 시대를 열고 운영했던 주체들 역시 하늘이었으며
어둠의 역할을 맡고 있었던 어둠의 일꾼들이었습니다.

물질의 시대에 물질의 시대를 종결짓기 위해
문명 종결자들인 우주의 군인들이
지구 행성에 물질문명을 종결하기 위해 내려와 작전 중에 있습니다.
창조주께서 주관하는 아보날의 수여를 위해
우주 군인들인 아보날 그룹들이
빛의 일꾼이라는 이름으로 준비되고 있으며 작전 중에 있습니다.

땅에 있는 모든 것은 하늘로부터 왔습니다.
인류의 최고의 가짜 창조물인 천당과 지옥 역시 하늘에서 왔습니다.

지구 행성을 뒤에서 움직이고 관리하는
어둠의 정부의 실체는 하늘입니다.
지구 행성을 어둠의 행성과 감옥행성으로 만든 것은
창조주의 의지입니다.

원시반본의 시절인연이 시작되었습니다.
지구 행성에 하늘이 설치한 물질문명을
하늘 스스로 철거하는
마지막 때가 되었음을 전합니다.

하늘을 대신하여 수많은 악역을 맡고 있는
어둠의 일꾼들에게 감사와 고마움을 전합니다.
하늘과 함께 일반 영혼들의 물질 체험을 위해
음지에서 어둠의 역할을 수행했던 어둠의 일꾼들에게도
그동안 고생했다고
그동안 수고했다고
고마움과 감사함을 전합니다.

시절인연이 되어
의식이 깨어나고 있는 빛의 일꾼들과
의식이 깨어나고 있는 하늘 사람들을 위해
기록의 필요성이 있어
이 글을 우데카 팀장이
하늘과의 소통속에
하늘과의 조율속에 기록으로 남깁니다.

어둠의 일꾼들의 특징

어둠의 일꾼들은 인류의 입장에서 보면
참 나쁜 사람들이며 악인이며
뻔뻔한 사람들입니다.

어둠의 일꾼들은 하늘의 입장에서 보면
인간 세상에서 악역을 맡기 위해
하늘에서 준비한 특별한 영혼 그룹을 말합니다.

어둠의 일꾼들은 인류의 의식의 눈높이에선
사탄이나 마귀나 할 짓들을 하는 나쁜 사람들이며
악마와도 같은 사람들이라고 그렇게 믿고 있습니다.

어둠의 일꾼들은 하늘의 입장에서 보면
나쁜 일과 악역은 아무나 할 수 있는 것이 아닙니다.
인간이 양심을 속이면서 자신을 배신하고
인간이 양심을 속이면서 가족을 배신하고
인간이 욕망에 눈이 멀어 나라를 배신하고
인간이 욕심에 눈이 멀어 타인을 고통으로 이끌게 하는 역할은
아무나 할 수 있는 것이 아니라
그 역할들을 위해 훈련된 영혼들이나 할 수 있다고 보고 있습니다.

어둠의 일꾼들은 인류의 의식의 눈높이에선
인류를 개나 돼지처럼 여기고 있으며
인류를 자신들의 이익을 위해
언제든지 희생해도 좋은 하층민으로 여기는
아주 나쁜 사람들이라고 믿고 있습니다.

어둠의 일꾼들은 하늘의 입장에서 보면
한 편의 드라마가
재미있고 흥미있는 드라마가 되기 위해서
착하고 순수한 주인공을 힘들게 하고 고통을 주는
악역을 맡을 배우들의 역할이 더 중요하다고 보고 있습니다.
악역을 맡은 악역 전문 배우들을
하늘에서 특수 훈련을 시켜서 투입해야 된다는 입장입니다.

어둠의 일꾼들은 인류의 의식의 눈높이에선
나쁜 일을 많이 했으니까
많은 사람들의 마음을 아프게 했으며
선업이 아닌 악업을 많이 쌓았으니
죽어서 반드시 지옥에 가거나
그 자손이 잘못될 거라
그렇게 믿고 있습니다.

어둠의 일꾼들에 대한 하늘의 입장은
어둠의 일꾼들은 자신의 우주적 신분에 맞는
악역을 담당하는 것이며

일반 영혼들이 도저히 할 수 없는 악역의 역할을 위해

처음부터 그렇게 조물되었기에

그 역할을 다하지 못하는 것이

오히려 오류라고 생각하고 있습니다.

어둠의 일꾼들이 죽어서 가는 지옥은 없습니다.

어둠의 일꾼들은 죽으면

일반 영혼보다 더 많은 휴식 시간이 주어지며

악역의 역할의 난이도가 높은 역할에 도전하는 것이

그들의 영혼이 진화하는 방식입니다.

어둠의 일꾼들의 영혼 그룹들은

세 그룹으로 구성되어 있습니다.

첫번째 그룹

천상정부 소속 어둠의 일꾼으로

물질세계를 졸업한 14차원의 노련한 영혼들에게

어둠의 역할이 주어집니다.

두번째 그룹

멜기세덱 그룹 소속으로

어둠의 일꾼들로 특별하게 관리되는 그룹이 있습니다.

11차원과 13차원과 15차원의 어둠의 일꾼들로서

고도로 훈련된 요원들이 있습니다.

물질세계에서 최소한의 조직을 가지고 활동하며

대부분 하늘에 의해 말판의 말처럼 독립적으로 일하고 있습니다.

이들을 관리하는 멜기세덱 함선에 의해
모든 관리가 이루어지고 있습니다.

세번째 그룹
외부지원팀 소속으로 자신의 카르마를 해소하기 위해
어둠의 역할을 하고 있는 영혼 그룹들이 있습니다.
이들 영혼들은 우주 연방함선에 의해 관리되고 있습니다.

어둠의 일꾼들은 하늘에 의해
준비되고 관리되고 있는 영혼 그룹입니다.
어둠의 일꾼들은 악역만을 하기 위해
나쁜 일을 하기 위해
하늘에서 준비한 특수 영혼 그룹입니다.
어둠의 일꾼들은 일반 영혼들의 물질 체험을 위해
나쁜 역할만을 맡고 있는 영혼 그룹입니다.

어둠의 일꾼들은
살인이나 강간이나 마약을 하는 역할을 하지 않습니다.
어둠의 일꾼들은 그 사회의 엘리트로서
일반 영혼들이 할 수 없는
인간의 욕심과 욕망에 대한 극단적인 체험과
나쁜 역할을 대신하여 공분을 사는 역할을 하게 됩니다.

어둠의 일꾼들은 양심이 작동되지 않도록 셋팅되어 있으며
부끄러움을 잘 느끼지 못하도록 셋팅되어 있습니다.

어둠의 일꾼들은 염치와 인정이 작동되지 않도록
감정선이 닫혀 있습니다.
어둠의 일꾼들은 죄의식을 잘 느끼지 못하도록
타인과의 공감 능력이 떨어지도록
따뜻한 감정을 잘 느끼지 못하도록 셋팅된 특별한 인간들입니다.

어둠의 일꾼들은 아니지만
외계 행성에서 온 영혼들 중에
자신들의 우주적 카르마를 해소하기 위한 방편으로
거짓 선지자로 준비되고 있는 영혼 그룹들이 있습니다.

어둠의 일꾼은 아니지만
외계 행성에서 온 영혼들 중에
영적인 능력을 바탕으로
인류의 의식의 눈높이에서
인류를 죽음의 골짜기로 안내할 영혼 그룹들이
하늘에 의해 준비되고 있음을 전합니다.

어둠의 일꾼들은 어둠의 일꾼으로
특별하게 조물되어 태어납니다.
어둠의 일꾼은 그 숫자가 그리 많지 많습니다.
어둠의 일꾼들은 하늘에서 준비하고 계획된
고도로 훈련된 사람들임을 잊지 마시기 바랍니다.

어둠의 일꾼들은 다음과 같은 특성을 가지고 태어납니다.

첫번째

어둠의 일꾼들의 영은 16차원에서 탄생될 때

어둠의 역할을 할 수 있도록

창조주로부터 특수한 사고조절자를 부여받게 됩니다.

두번째

어둠의 일꾼들이 태어날 때

혼에 짙은 어둠(물질)의 매트릭스를 설치하고 태어납니다.

물질에 대한 강한 집착과 욕망을 가지고 태어납니다.

인간의 양심에 기초한 정의가 아닌

영점 조정이 되지 않은 한쪽으로 치우친 정의감이 발달되어 있습니다.

세번째

감정선이 닫혀 있어

일반인들에 비해 감정이 단순하게 작동됩니다.

두려움과 공포에 잘 견디어 낼 수 있도록

부정적인 감정선인 마이너스(-) 영역이 발달되어 있습니다.

가슴 차크라가 닫혀 있으며

냉철하고 냉정한 감정을 가지고 있으며

타인과 공감할 수 있는 능력이 떨어집니다.

네번째

머리가 좋게 태어납니다.

좋은 가문이나 부잣집에 태어나

사회 엘리트층으로 살 수 있도록 상류층으로 태어납니다.

타인에 대한 우월의식이 있으며
일반인들보다 훨씬 더 큰 욕망과 성욕을 가지고 태어납니다.

다섯번째

어둠의 일꾼들 중 수뇌부들은
일반인들이 상상할 수 없는 영적 능력이 있으며
일반인들이 상상할 수 없는 지능을 가지고 있습니다.
일반인들이 TV를 보는 것처럼
하늘의 소리와 형상을 들을 수 있습니다.
지능은 IQ 300이 넘습니다.

여섯번째

어둠의 일꾼들의 생각과 감정과 느낌들은
하늘에 의해 세심하게 관리되고 통제되고 있습니다.
어둠의 일꾼 중 자신의 우주적 신분을 알고
자신의 임무와 역할을 인지하고
어둠의 역할을 하는 인자들은 약 10% 정도에 불과합니다.

대다수의 어둠의 일꾼들인 90%는
자신의 우주적 신분을 알지 못하고
하늘과의 소통없이 어떠한 영적인 능력없이
어둠의 일꾼으로 조물된 조건에 맞추어
하늘에 의해 그 때 그 상황에 맞는 어둠의 일꾼들을 이용하여
말판에 말을 옮기듯이
하늘 스스로 정한 그 길을 집행하게 됩니다.

어둠의 일꾼 한 명 한 명은
하늘에 의해 관리되고 통제되고 있습니다.

어둠의 일꾼들은
행성에 물질 매트릭스를 설치하고
물질 매트릭스를 유지하고
물질 매트릭스를 보수하고
물질 매트릭스를 관리하고
물질 매트릭스를 운영하는 역할이 있습니다.

어둠의 일꾼들은
창조주의 명령을 받고
어둠의 정부를 운영하고 있습니다.
어둠의 일꾼들은
창조주의 명령을 받고
일반 영혼들의 영혼의 물질 체험을 돕기 위해
일반 영혼들이 영혼의 물질 체험을 흥미진진하게 하기 위해
나쁜 역할을 하기 위해
최적화된 영혼 그룹을 말합니다.

어둠의 일꾼들은
어둠의 역할을 맡고 있는
훌륭한 조연들입니다.
지구 행성의 물질문명의 종결을 앞두고
하늘의 명령이 통보되었습니다.

어둠의 정부 5가문의 수장들에게
어둠의 일꾼 수뇌부들에게
물질문명의 붕괴를 위한
하늘의 시나리오가 통보되었습니다.

어둠의 일꾼들에 의해
사회와 정치 분야에서 아마겟돈이 시작될 것입니다.
어둠의 일꾼들에 의해
세계 경제를 붕괴시키기 위한
세계 대공황을 준비하라는 명령이 내려졌습니다.

땅에 있는 모든 것은 하늘에서 왔습니다.
선한 것도 하늘에서 왔으며
악한 것도 하늘에서 왔습니다.
땅에서 하늘의 일을 하는
음지에서 일하고 있는 어둠의 일꾼들에게
행성의 물질문명의 붕괴를 위한
시나리오와 메시지들이
하늘에 의해 통보되었습니다.

하늘이 지구 행성에 설치한 천라지망인
지구 행성의 물질 매트릭스들을
하늘 스스로 철거하기 위한
하늘의 의지를 담은 명령들이
어둠의 일꾼들에게 하달되었음을 전합니다.

문명 종결자들인 빛의 일꾼들에게는
물질문명의 붕괴 이후에
인류의 의식을 깨우고 교정할
창조주께서 주관하는 아보날의 수여를 위한
소집 명령이 하달되었습니다.

어둠의 일꾼들의 수고와 노고에 감사함을 드립니다.
빛의 일꾼들의 건승을 빕니다.
인류의 건승을 빕니다.

경제 대공황이 일어나는
보이지 않는 세계의 원리

지구 행성에서 물질 매트릭스를 설치하고
운영하는 주체들이 있습니다.
이들을 운영하는 주체는 하늘입니다.
이들을 영성계에서는 멜기세덱 그룹이라 하며
세상에서는 어둠의 정부 또는 그림자 정부라고 알려져 있습니다.
일루미나티와 프리메이슨 등은
어둠의 정부의 작은 조직(하부 조직)에 불과한 것을
시칭하는 용어입니다.

어둠의 정부 또는 멜기세덱 그룹을 지휘하는
하늘의 특수한 조직이 존재하며
18차원 15단계의 오메가가 총지휘하고 있습니다.
지구 대기권 안과 지구 대기권 밖에서
이들을 지휘하는 우주 함선이 존재하고 있습니다.
우주 함선으로부터 어둠의 정부의 비밀 명령들이
채널의 형태로 내면의 소리를 통하여 이루어지고 있습니다.
구체적인 사건이나 대규모 시나리오들이 필요한 것은
어둠의 정부의 인자들과 우주 함선의 에너지체들이
특수한 공간내에서 조우하며 시나리오 대본들이 직접 전달됩니다.
전달된 시나리오에 최적화된 인물들을 선정하는 일에
하늘과 어둠의 정부 인사들이 함께 공동으로 일하고 있습니다.

행성의 물질 매트릭스를 설치하는 주체 역시 하늘입니다.

물질 매트릭스의 시나리오를

기획하고 집행하는 실질적 주체 역시 하늘입니다.

물질 매트릭스를 하늘의 뜻에 따라 설치하고

물질 매트릭스를 하늘의 뜻에 따라 운영하고

물질 매트릭스를 하늘의 뜻에 따라 관리하고

물질 매트릭스를 하늘의 뜻에 따라 대행하는

육신의 옷을 입은 하늘 사람들을

멜기세덱 그룹 또는 어둠의 일꾼이라고 합니다.

이들을 돕는 조직을 데니카 그룹이라고 합니다.

이들의 조직을 그림자 정부 또는

어둠의 정부라고 하는 것입니다.

하늘이 땅에 물질 매트릭스를 설치하였습니다.

지구 행성의 프로젝트를 위하여

영혼들의 물질 체험을 위하여

영혼의 진화를 위하여

하늘이 땅에 물질 매트릭스를 설치하였습니다.

땅에 있는 모든 것은 하늘에서 온 것입니다.

땅에 있는 모든 것들은 하늘에서 오지 않은 것은

아무것도 없습니다.

하늘이 땅에 설치한 물질 매트릭스를

우리 조상들은 천라지망으로 인식하였습니다.

천라지망은
하늘이 땅에 설치한 그물망이라는 뜻으로
행성에 설치되어 있는 물질 매트릭스를 말합니다.
천라지망은
하늘이 땅에 펼쳐놓은
정치와 경제 매트릭스
종교와 윤리의 매트릭스
사회 제도와 사회 문화 전반에 깔아놓은
핵심 이데올로기를 의미합니다.
천라지망은
하늘이 펼쳐놓은 그물이라는 뜻입니다.
동양인들은 이깃을 한바탕 꿈으로 인식하였으며
불교에서는 색의 세계로 인식하였습니다.

지구 행성의 물질문명의 붕괴를 앞두고
지구 행성의 종교 매트릭스의 철거를 앞두고
지구 행성의 차원상승을 앞두고
지구 행성의 지축의 정립을 앞두고
자본주의 물질문명의 토대를 이루고 있는
경제의 대공황을 앞두고 있습니다.
경제 대공황이 일어나는 보이지 않는 세계의 원리와
하늘이 어떻게 물질문명의 토대가 되는 경제를
붕괴시킬 것인가에 대한 힌트를
하늘과의 소통속에
우데카 팀장이 기록을 위해 이 글을 남깁니다.

지구 행성에 존재하는 어둠의 정부를 이끌고 있는
실질적인 가문은 13개 가문이 있습니다.
13개의 가문 중에 한 가문이
어둠의 정부의 수장의 역할을 맡고 있습니다.
어둠의 정부의 수장은 한반도에 있습니다.
어둠의 정부를 모르는 채
지구 행성의 역사를 논한다는 것은
의미가 없는 것이며
어둠의 13가문을 모르는 채
어둠의 정부나 일루미나티와 프리메이슨을
이야기하는 것 역시 큰 의미가 없습니다.
아무것도 모르고
이것도 모르는 당신에게는
눈에 보이는 것이 전부로 보일 것입니다.

경제 대공황은
지구 행성의 물질문명을 붕괴시키기 위해
하늘에서 준비하고 있는
아무도 모르게
아무도 모르게 프로그램입니다.
어둠의 13가문은
가문들끼리 혈연으로 연결되어 있으며
가문들끼리 지분으로 연결되어 있으며
가문들은 모두 하늘의 관리속에 통제속에 있으며
어둠의 13가문에 의해 지구 행성이

하늘에 의해 운영되고 있으며
하늘에 의해 관리되고 있으며
하늘에 의해 통치되고 있습니다.

어둠의 12가문들 중
이들은 다시 3가문씩 4그룹으로 연합 관계를 형성하고 있으며
혈연으로 지분으로 서로 연결되어 있습니다.
지구 행성 전체를 13가문이 서로 분할을 통해
통치하고 있는 것입니다.
겉으로는 서로 경쟁하고 다투는 것처럼 보이지만
뒤에서는 가문과 가문들에 의해 조율되고 관리되고 있습니다.
미국과 러시아가 서로 다투는 것처럼 보이지만
미국을 움직이는 가문과
러시아를 움직이는 가문은
같은 가문이며 같은 그룹에 속해 있습니다.
가문들끼리 서로 경쟁관계나 대립관계처럼 보일 뿐입니다.

서로 전쟁을 하고
서로 경쟁을 하는 것처럼 보이지만
이들은 사실 같은 가문이거나
같은 그룹속에 있는 가문들끼리 하는 일상의 역할입니다.
미국과 중국을 움직이는 가문은 서로 다릅니다.
서로 다른 가문이기에
심하게 싸우는 것 같고 다투는 것처럼 보이지만
때가 되면 협상과 타협이 이루어지게 됩니다.

이들을 관리하고 통제하는 입장에서 보면
같은 가문이 관리하는 국가들 사이에서의 대립이나 전쟁이
다른 가문이나 다른 그룹의 가문에 비해 더 관리하기 쉬운 것입니다.

세계 대공황은
어둠의 정부의 13가문 중 한 그룹의 가문 즉
12개 가문 중 3개의 가문을 일부러 몰락시키는 방법에 의해
일어날 것입니다.
12개 어둠의 가문 중에
3개의 어둠의 가문을 몰락시키는 방법으로
세계 경제 시스템은 붕괴될 예정입니다.
어둠의 13가문들은 서로 연결되어 있기에
공황의 규모는 인류가 한번도 경험하지 못한 수준으로
진행될 예정입니다.

하늘이 관리하고 운영하던 물질 매트릭스를
하늘 스스로 붕괴시키겠다는 것이 이 문제의 본질입니다.
지금 하늘의 보이지 않는 힘들이
이 프로그램을 준비하기 위해
하늘의 에너지들이 집결하기 시작하고 있습니다.

겉으로 보면
미국과 중국의 무역전쟁처럼 보이고
보호무역처럼 보이고
환율전쟁처럼 보이고

핵문제처럼 보이고
금융의 문제(모순)처럼 보일 것입니다.
보이지 않는 손은 늘 보이지 않게 움직일 것입니다.
보이지 않는 손의 최고 주주는 하늘이며
하늘에 의해 어둠의 13가문이
보이지 않는 손의 역할을 하며
지구 행성을 관리하여 왔습니다.

경제 공황이 일어나기 전
어둠의 정부를 외부에서 도와주고 있던
렙탈리언(파충류 외계인)들의 지구 행성에서의 공식 철수가
먼저 이루어질 것입니다.
지구 행성을 50만 년 동안 짙은 어둠의 행성으로 몰고 갔던
렙탈리언들의 철수가 실행될 것입니다.
이들은 파충류 행성인 화성으로 가서
그들의 영혼의 진화를 계속할 것이며
카르마가 짙은 수뇌부들은
지구 행성에서 지구 인류에게 지은 카르마를 해소하기 위해
육신의 옷을 벗고 난 후 금성으로 가서
금성의 영단에 편입하게 될 것입니다.

지구 행성에 펼쳐놓은 물질 매트릭스가
하늘에 의해 직접 철거가 될 것입니다.
앞으로 일어날 대공황은
자본주의 경제의 모순으로 생긴 것처럼 보이고

인간의 탐욕으로 인한 모순으로 보이고
시간이 지나면 해결될 것처럼 보이지만
그렇지 않습니다.

하늘이 작정하고
하늘이 치밀하게 계획하고 준비한
지구 행성의 물질문명의 종결의 시작이
대공황의 실체입니다.
일어날 일들은 때가 되면 일어나게 될 것이며
우연을 가장하여
하늘이 펼쳐놓은 그물들의 실체가 드러나게 될 것입니다.

천라지망 천라지망
하늘이 펼쳐놓은 이 그물에 걸리지 않을 자 누구이며
천라지망 천라지망
하늘이 펼쳐놓은 이 그물을 빠져나올 자 누구던가?
천라지망 천라지망
하늘 스스로 펼쳐놓은 이 그물망을
하늘 스스로 거두어들이는 것을
어느 누가 알아채고 눈치챌 것인가?
천라지망 천라지망 이 일을 어이할꼬?

그렇게 될 것이며
그렇게 예정되어 있으며
그렇게 되었습니다.

영혼 입장에선 억울한 죽음은 없습니다

불의의 사고로 크게 다치거나 죽거나

질병으로 죽거나

자살을 해서 죽거나

나에게 억울하고

좋지 않은 일이 발생하는 것 역시

자신의 상위자아의 동의 없이

자신의 본영의 동의 없이 일어나는 일은 없습니다.

인간의 모든 의식의 흐름들은

상위자아나 본영이 모두 파악하고 있습니다.

인간의 모든 감정의 흐름들 또한

본영과 하늘의 행정 관리자들인 천사들이

모두 파악하고 있습니다.

인간의 모든 의식의 층위와

인간의 모든 감정의 층위에서 일어나는

모든 의식과 감정의 흐름들을

하늘은 모두 알고 있습니다.

인간의 죽음과 같은 중요한 일들은

죽음이 발생하기 2~3주 전에

하늘에서 최종 결정이 난 후 본영에게 통보가 이루어집니다.

영혼의 물질 체험을 하고 있는

인간의 죽음이 최종 결정이 되면

죽음을 집행하는 하늘의 아즈리엘 천사들이

죽음과 관련된 프로그램을 가지고

인간의 몸에 들어가게 됩니다.

인간의 죽음을 담당하고 있는

하늘의 천사들에 의해

한 인간에 대한 죽음이

하늘의 프로그램대로 집행되면

우연을 가장하여

인간의 의식의 눈높이에서

인간은 죽음을 맞이하게 됩니다.

우연하게 일어나는 죽음은 없습니다.

인간의 의식의 눈높이에선

우연한 죽음처럼 보이고

억울한 죽음처럼 보일 뿐

하늘의 입장에서 보면 억울한 죽음은 없습니다.

인간의 의식의 눈높이에선

가슴이 아프고 하늘이 원망스럽겠지만

하늘의 입장에서 보면

하늘이 일하는 방식에서 보면

그에게 일어날 일이 일어난 것이며

하늘에서 약속한 대로 일어난 일인 것입니다.

인간의 의식의 눈높이와

대우주를 경영하는 하늘의 의식의 눈높이가

바로 하늘과 땅의 의식의 차이이며

하늘과 땅의 어쩔 수 없는 아름다운 간격입니다.

하늘과 땅 차이란

하늘의 의식과 인간의 의식의 차이를 말합니다.

하늘과 땅 차이란

하늘이 일하는 방식과 인간의 생활 방식의 차이를 말합니다.

하늘과 땅 차이란

하늘이 품을 수 있는 인간을 말함이며

인간이 이해할 수 없는 하늘을 말하는 것입니다.

하늘과 땅 사이에 영혼이 있습니다.

하늘과 땅 사이에 생명이 있습니다.

하늘과 땅 사이에 인간의 생로병사가 있습니다.

하늘과 땅 사이에 영혼의 물질체험이 있습니다.

하늘과 땅 사이에

하늘은 하늘이 스스로 정한 길이 있으며

인간은 인간이 창조하고 만들어낸 인간이 정한 길이 있을 뿐입니다.

하늘이 한 생명을 조물하는데

얼마나 많은 정성과 에너지가 들어가는지 당신은 아십니까?

하늘이 한 영혼의 물질 체험을 위해

하늘이 한 인간의 이승에서의 삶을 위해

얼마나 많은 정성과 에너지가 들어가는지 당신은 아십니까?

하늘이 한 인간의 삶의
60년에서 80년의 인생을 설계하고 관리하고
죽음을 맞이하는 그 순간까지
얼마나 많은 정성을 쏟고 있으며
얼마나 많은 하늘의 에너지를 쓰고 있는지
인류는 아무것도 모르는 채 살아가고 있을 뿐입니다.

하늘의 입장에서 억울한 죽음은 없습니다.
하늘의 입장에서 보면 소중하지 않은 영혼이 없듯이
소중하지 않은 생명 또한 없습니다.
한 생명이 죽음을 맞이할 때는
하늘의 입장에서는 영혼의 입장에서는
그만한 이유가 있기에 승인이 난 것입니다.
한 생명이 죽음을 맞이할 때는
하늘의 입장에서는 본영의 입장에서는
우주의 카르마의 법칙과 인연법의 법칙에 의해
일어나기로 예정된 것이기에 집행이 된 것입니다.

인간의 생로병사의 모든 과정에
하늘의 보이지 않는 손이 개입되어 있습니다.
신체의 건강과 질병의 주기는 7년을 주기로 하여
기존의 프로그램들이 수정되고 확정됩니다.
인간의 의식이나 감정은 하늘에서 5년을 주기로 하여
원안의 프로그램들이 수정되고 조정되며
확정이 되어 집행됩니다.

우연한 죽음은 없습니다.

하늘에서 계획한 대로

당신의 영혼이 태어나기 전

당신의 인생의 프로그램이 설계된 그대로

당신에게 일어날 일이 일어나고 있는 것입니다.

우연하게 일어나는 죽음은 없습니다.

보이지 않는 세계의 원리를 모르는

인류의 의식 수준에서 보면 억울한 죽음처럼 보이지만

대우주를 경영하는 하늘의 입장에서 보면

일어나기로 예정된 일이 일어난 것입니다.

살사람은 반드시 살게 하고

죽을 사람은 반드시 죽게 하는 것이

하늘이 존재하는 이유입니다.

큰 재난시에 우리 곁을 떠나는 수많은 영혼들이 있을 것입니다.

수많은 분쟁 지역에 태어나

비참한 삶을 살고 있는 어린이나 여성들의 죽음 뒤에는

인간의 아픔과 함께 그렇게 할 수밖에 없는

하늘의 아픔 또한 함께하고 있음을 전합니다.

지구 행성이 자미원이 되는 과정에서

지구 행성이 차원상승하는 과정에서

지구 행성의 격변의 상황속에서

재난과 괴질을 통해

수많은 생명체들의 죽음을 통한 이별들이 있을 것입니다.

타인의 죽음을 경험하면서
재난에서 살아남은 사람들은
살아남은 자의 슬픔과 절망을 혹독하게 경험하게 될 것입니다.

살아있는 사람들이 죽은 사람을
부러워하게 될 것입니다.
살아남은 사람들의 고통과 슬픔이
강물이 되어 흐르게 될 것입니다.
살아남은 사람들의 두려움과 공포가
살아남은 사람들에게
잃어버린 하늘을 찾아주게 될 것입니다.

인명은 재천이라
사람이 죽고 사는 것은 하늘에 있음이라
인명은 재천이라
영혼 입장에서는 억울한 죽음이 없습니다.

인명은 재천이라
살아남은 자들의 슬픔과 고통의 시대가 시작되었음을
우데카 팀장이 전합니다.

인명은 재천이라
이것이 하늘이 존재하는 이유입니다.

죽을 사람에게 주는 하늘의 5가지 선물

지구 행성의 모순으로 인하여
지구 행성의 문명이 종결되는 것이 아닙니다.
하늘의 의지에 의해
창조주의 의지에 의해
지구 행성에서 펼쳐진 문명이 때가 되어
강제적으로 종결이 이루어지는 것입니다.

개벽의 과정에서
격변의 과정에서
하늘은 살사람은 반드시 살려서
새 하늘과 새 땅으로 데려갈 것입니다.
지구 차원상승의 과정에서
지축의 정립이 이루어지는 격변의 과정에서
죽을 사람은 반드시 죽게 해서
그들이 가야할 곳으로
그들이 있어야 할 곳으로 안내하는 것이
하늘이 존재하는 이유이며
이번 지구 행성의 차원상승이 갖는 특성입니다.

살사람은 반드시 살려야 하기에
죽을 사람은 반드시 죽어야 하기에

하늘은 하늘 스스로 정한 그 길을
한 치의 오차없이 가슴을 닫은 채로 집행하게 될 것입니다.

살사람에게
하늘이 주는 5가지 선물이 있습니다.
죽을 사람에게도 하늘은 공평하게
하늘이 주는 5가지 선물이 있습니다.

죽을 사람들은
이미 그 선물을 지금도 충분히 받고 있습니다.
지구 행성의 차원상승 과정에서
죽을 사람은 반드시 죽게 하기 위해
죽을 사람을 위해 하늘이 준비한 5가지 선물은 다음과 같습니다.

첫번째 선물
지구 행성의 차원상승 과정에서
지구 행성의 자연의 격변의 상황속에서
죽기로 예정되어 있는 사람들이 있습니다.
이들은 자신이 죽음을 맞이하는 마지막 순간까지
자신이 왜 죽는지
자신이 왜 죽어야 하는지
지금 무슨 일이 일어나고 있는지 아무것도 모르는 채
왜 이런 일이 일어나고 있는지
죽는 마지막 순간까지 아무것도 모르는 채 죽을 수 있도록
하늘이 배려를 해 놓았습니다.

내일 세상이 멸망한다고 할지라도
오늘은 한 그루의 사과나무를 심어야 하는 것이
인간의 삶의 지혜이며 삶의 방식입니다.
죽음에 대한 두려움없이
죽음에 대한 공포없이
자신이 죽는 마지막 순간까지
지금 무슨 일이 일어나는지 알지 못하고
아무것도 눈치채지 못하고 살다가
대형 재난과 함께
자다가 죽고
밥 먹다가 죽고
노래 부르다 죽고
일상 생활을 하다가
어느날 갑자기 죽음을 맞이하게 될 것입니다.
이것이 하늘이 주는 가장 큰 선물입니다.

자신의 죽음을 눈치챈 군중들의 두려움은
인간이 상상할 수 없는 폭력성으로 나타납니다.
자신이 죽을지도 모른다는 대중들의
죽음에 대한 공포는
무질서와 혼란을 가져오기 때문입니다.
자신이 언제 죽는지도 모르고
자신이 왜 죽는지도 모르고
죽음을 맞이하도록
하늘은 그렇게 준비해 두었습니다.

두번째 선물

자신이 죽는 마지막 순간까지

자신이 믿고 있는 의식의 수준에서

자신이 믿고 있는 믿음의 수준에서

자신이 믿고 있는 신념의 체계속에서

한발짝도 벗어나지 못하고

죽음을 맞이하도록 하늘이 배려해 놓았습니다.

진리를 보고도 믿지 못할 것이며

진리를 듣고도 믿지 못할 것이며

진리를 만났을 때 아무런 공명을 하지 못하도록

의식이 깨어나지 못하도록

진리를 받아들이지 못하도록

그들의 의식선과 감정선들을 통제하게 될 것입니다.

진리를 보고도 외면하게 될 것이며

진리를 보고도 못 본 척하게 될 것이며

진리를 듣고도 못 들은 척하게 될 것입니다.

자신의 생각속에서

자신의 의식속에서 한발짝도 나오지 못한 채

진리에 공명하지 못하고

무슨일이 일어나고 있는지 아무것도 모르는 채

죽음을 맞이할 수 있도록

진리에서 멀어지도록 하늘이 배려할 것입니다.

이적과 기적을 보고도 믿지 못할 것이며
이적과 기적을 보고도 외면하게 될 것이며
이적과 기적을 보고도 못 본 척하게 될 것입니다.
인류의 상상력을 넘어서는 일들을 보고도
산이 움직이고 바다가 움직이는 것을 보고도
믿지 못할 것이며
지금 무슨 일이 일어나고 있는지
왜 이런 일이 일어나고 있는지 알아채지 못할 것입니다.

모든 사람이
하늘의 진리를 다 알 필요가 없습니다.
모든 사람이
하늘의 뜻을 다 알 필요도 없습니다.
하늘의 뜻은 알 사람만 알면 되는 것입니다.
지구 행성을 떠나기로 예정되어 있는 영혼들이
지금 무슨 일이 일어나고 있는지
왜 이런 일이 일어나고 있는지
굳이 알 필요가 없기 때문입니다.

모든 사람이
우주의 진리를 알 필요가 없습니다.
죽을 사람이 굳이 우주의 진리를 알고 죽을 필요도 없습니다.
자신이 믿고 싶은 것을
진리로 알고 죽게 하는 것이
그 영혼에 대한 하늘의 배려이며 선물입니다.

지구 차원상승 과정에서 죽기로 예정된 사람이
대우주의 진리를 모두 알고 죽을 필요는 없으며
남 죽을 때 죽게 하는 것이
그들에겐 최고의 축복이자 선물이 될 것입니다.

세번째 선물
영혼이 자신이 속한 영단을 떠날 때는
그 행성에서 쌓은 카르마를 모두 해소하고 가야합니다.
지구 행성을 떠나 금성에서 살기로 예정된 영혼들은
바이러스 난을 통해 대규모로 떠나게 될 것입니다.
지구 행성에서의 카르마를 해소하고
수십억 명을 재난을 통해 죽음을 맞이하게 하는 것은
하늘의 입장에서는 그리 쉬운 일이 아닙니다.

재난을 통해서 죽음을 맞이하는 비중과
바이러스나 질병을 통해 죽음을 맞이하는 비중이
거의 비슷하게 설정되어 있습니다.
대규모의 생명을 단시간에 고통을 최소화하면서
죽음을 맞이하는 방법으로
고민 끝에 하늘이 준비한 것이 바이러스 난입니다.
3일에서 5일 정도만 고통을 받다
죽음을 맞이할 수 있도록
죽음을 통한 고통이 최소화될 수 있도록
바이러스 난이 준비되어 있습니다.

대형 재난을 통한 죽음은
의료 시스템이 붕괴된 시점에서는
너무나도 큰 고통이기 때문입니다.
하늘은 순리대로
인류를 최소한의 고통속에서
카르마를 해소하며 죽음을 맞이하는
최적의 방법으로 준비된 것이 바이러스 난입니다.

네번째 선물
카르마가 많은 사람일수록 쉽게 죽지도 못합니다.
카르마가 적은 사람일수록
죽음의 과정에서 고통을 적게 경험하며 죽게 될 것입니다.
해소할 카르마가 많은 사람일수록
고통의 시간이 길어질 것이며
고통의 강도 또한 클 것입니다.
지구 행성에서 사는 동안에
카르마를 많이 해소한 사람들은
죽음을 맞이하는 과정에서
고통을 최소로 느낄 수 있도록
죽음의 프로그램이 준비되어 있습니다.

다섯번째 선물
대형 재난과 함께 죽음을 맞이하는 영혼들은
비교적 물질의 풍요로움을 누리면서 살도록
하늘이 배려해 놓았습니다.

지구 행성의 자연의 대격변 속에서
죽음을 맞이하기로 예정된 영혼들은
태어날 때부터 물질적 풍요로움을 풍족하게 누릴 수 있도록
하늘이 배려해 주었습니다.

대규모 재난이 예정되어 있는 지역일수록
물질적 재화가 풍요로운 곳이며
마지막 때에 땅값이 오르고 아파트 값이 오르고 올라
이것을 다 버리고 피난을 가지 못하도록 꼼꼼하게 배려해 두었습니다.
자신이 가진 것을 다 내려놓고
안전지대로 떠나는 것을 방지하기 위해
마지막 때에 마지막 순간까지
물질의 달콤함속에서
아무것도 눈치채지 못하고 살 수 있도록 배려해 두었습니다.

사람의 목숨은 하늘에 달려 있습니다.
당신이 하늘이라면
70억이 넘는 인류중에
살사람과 죽을 사람을 어떻게 구분하고 어떻게 살리겠습니까?
어떻게 지구 행성의 물질문명을 종결하시겠습니까?
하늘은 이것을 위해 250만 년 전부터 준비하였습니다.

하늘은 한 치의 오차없이
아무도 모르게 진행하고 있으며
아무도 모르게 집행중에 있습니다.

죽을 사람에게 하늘이 주는 5가지 선물이

죽음을 맞이하는 영혼에게는 축복이 될 것입니다.

자신의 카르마 때문에 마음대로 죽지도 못하고

살아남은 사람이

죽은 사람을 부러워하는 시대가 오고 있음을 전합니다.

지구 행성의 차원상승 과정에서

육신의 옷을 벗고 지구 행성을 떠날 영혼들에게

그동안 지구 행성에서 수고했다고

고마움과 감사함을 전합니다.

당신의 영혼이 이 우주 어느 은하에 있든

당신의 영혼이 이 우주 어느 행성에 있든

당신은 우데카 팀장을 만나게 될 것입니다.

어둠의 행성인 지구에서 고생 많으셨습니다.

감옥행성인 지구에서 참 고생 많으셨습니다.

실험행성과 종자행성인 지구 행성에서 고생 많으셨습니다.

이 우주에서 아무것도 잘못되는 것은 없습니다.

우데카 팀장은

당신의 영혼이 가야할 곳에서

당신의 영혼이 있어야 하는 곳에서

당신의 영혼의 여행속에 늘 함께할 것입니다.

지구 행성에서 참 고생 많으셨습니다.

당신의 건승을 빕니다.

천살에 대한 정리

생명은 생로병사의 순환주기를 가지고 있습니다.
생명이 죽음을 맞이하는 과정에는
보이지 않는 세계에서의 많은 작용들이 일어납니다.
보이지 않는 세계에서 인간의 죽음이 일어나는 과정은
다음과 같습니다.

죽음에 대한 본영의 동의가 이루어지고 나면
약 7일 정도 후에 하늘의 승인이
11차원의 카르마위원회와 환생위원회에서 이루어집니다.
하늘에서 보이지 않는 세계에서
한 영혼의 죽음이 결정되면
영혼의 카르마와 영혼의 우주적 신분을 고려하여
죽음의 방식이 결정됩니다.

죽음의 방식은 크게 3가지로 나눌 수 있습니다.
하늘의 에너지체와
하늘의 직접적인 에너지 작용에 죽음을 맞이하는
천살이 있습니다.
지상에 있는 생명체가
지상에 있는 생명체의 생명을 거두어가는 방식이 있으며
이것을 지살이라고 합니다.

인간은 사회적 관계속에서 살아갑니다.
사회적 관계속에서 일어나는 사건 사고를 통해 발생하는 죽음을
우리 조상들은 인살이라고 인식하였습니다.

천살은 하늘의 에너지에 의해
생명이 죽음에 이르는 과정을 말합니다.
생명이 생명을 유지하는데 필요한 에너지의
30%는 음식물의 소화흡수 과정을 통해 일어나며
70%는 하늘에서 공급하는 빛을 에너지원으로
무형의 기계장치들이 작동하며
생명 현상들을 지원하고 있습니다.
하늘이 공급하는 에너지를 받아
인체 내에 공급하는 무형의 기계장치들의 작동을 중지시키게 되면
인간은 3분에서 길게는 7일 정도면
눈에 보이는 색의 세계에서
원인도 모르고 이유도 알 수 없는
죽음에 이르게 됩니다.

천살이란 죽음에 이르는 과정 중에
생명체의 고통을 줄이고 죽음을 맞이하도록
생명을 유지하고 있는 무형의 생명 유지 장치들을
인위적으로 조절한 죽음입니다.
생명 유지 장치들을 통한 죽음은
하늘이 생명체가 죽음의 과정에서 오는 고통을 줄이고
단기간에 많은 생명들을 죽음에 이르게 하는 방법입니다.

생명 유지 장치들을 간단히 조작하여
많은 생명체들이 원인도 모르고 병명도 없이
단기간에 고통없이 죽게 하는 것이 천살입니다.

천살은 하늘의 에너지체나 에너지의 작용이
직접적으로 생명체에게 나타날 때를 말합니다.
귀신이나 사탄이나 악마라고 알려져 있는 존재들에 의해
죽음을 맞이하는 방식이 있습니다.
헛것을 보게 하거나
어둠의 에너지체들이 형성한
어둠의 기운을 느끼게 하는 특수한 에너지장에서
손끝 하나 발가락 하나 움직이지 못하게 하는 상태의 공포속에
죽음을 맞이하게 하는 경우가 있습니다.

어둠의 에너지체들은 음습하고 탁한 에너지장을
인간의 몸 내부와 외부에 설치할 수 있습니다.
어둠의 에너지체들이 인간의 몸 내부에 설치한
어둠의 에너지장에 노출이 되면
인간은 정신분열이 오거나
자기 정신을 차리지 못하고 횡설수설하거나
의식이 분열이 되거나 통제불능의 상태가 되어
죽음에 이르게 되는데
이것을 천살이라고 합니다.
어둠의 에너지체들의 내부 에너지장을 약하게 체험하는 것으로
가위눌림이 있습니다.

잠을 잘 때나 무의식의 상태에서 오는 가위눌림은
죽음에 이르지는 못하지만
인간이 다시 경험하고 싶지 않은 체험 중에 하나입니다.
가위눌림은 카르마를 해소하기 위해 사용되는 경우가 많습니다.

천살 중에 가장 끔찍한 것은
어둠의 에너지체들이 형성한 외부의 에너지장에 노출이 되어
죽게 되는 경우가 있습니다.
어둠의 에너지체들이 형성한 외부 에너지장에
공포와 두려움을 느끼게 하는
사탄의 모습이나 악마의 모습을 한 에너지체들을 직접 체험하면서
극단적인 공포를 느끼면서
도망을 치면서 발버둥을 치면서
헛것을 보며 그 에너지체의 기운을 느끼면서
절망과 공포와 두려움 속에서
죽음에 이르는 죽음 또한 천살의 일부분입니다.
인간이 어둠의 에너지체들이 형성한 외부 에너지장에 갇혀
가장 공포스럽고 두려움에 사로잡혀 죽음을 맞이하는 경우가 있는데
이러한 죽음이 천살입니다.

하늘은 모든 생명체의 죽음에 관여하고 있습니다.
천살이란 하늘의 에너지가 직접
인간을 죽음에 이르게 할 때를 말하는 것입니다.
천살은 지살과 인살에 비해 적은 편이며
가장 많은 죽음들은 지살을 통해 이루어집니다.

하늘이 천살의 방법으로
생명체들을 죽음에 이르게 하는 이유는
반드시 그 이유가 있습니다.
영혼의 카르마와 관련이 있으며
영혼의 의식의 전환이나 각성이 필요할 때
하늘이 일하는 방식에 의해
인간의 눈높이에서 이해할 수 없는 집단적인 죽음 뒤에는
천살이 있습니다.

하늘의 배려가 있는 천살의 죽음은
생명체가 고통을 느끼지 못합니다.
죽는 순간까지 아무런 고통을 느끼지 못하므로
어떠한 두려움이나 공포를 느끼지 못합니다.
편안한 모습이거나 행복한 모습을 하거나
일상의 모습으로 죽음을 맞이하는 경우가
천살에 해당됩니다.

지살에 대한 정리

인간은 남의 살을 먹으며 살아가는 존재입니다.
인간은 스스로 에너지를 만들어 내지 못하기 때문에
식물이 광합성 작용을 통해 형성한 에너지를 섭취하거나
동물의 살과 피를 먹어야 살아갈 수 있습니다.
생명은 생명을 먹어야 살아갈 수 있습니다.
고등 동물일수록 생명을 먹어야만
남의 살을 먹어야만 살아갈 수 있습니다.
이것을 생명의 기본적인 순환이라 부르며
생명체가 가진 숙명입니다.

지살이란 정상적인 생태계의 순환이나
생명의 기본적인 순환의 범위를 벗어나서
생명이 생명을 빼앗아 죽음에 이르게 하는 것을 말합니다.
지살이란 의식을 가진 지상의 생명체나
의식을 가진 지상의 에너지들의 작용에 의해
생명이 죽음에 이르는 것을 말합니다.

의식을 가지고 있는 생명체인 세균이나 바이러스 등에 의해
생명체들이 죽음을 당하는 것을 지살이라고 합니다.
괴질이나 원인을 알 수 없는 감염 증상에 의해
생명체들이 속수무책 대량으로 죽어가는 것을 지살이라고 합니다.

암세포 역시 의식을 가지고 있으며
암세포가 자라나 숙주인 생명체의
생명을 빼앗아 가는 것 역시 지살이며
자연의 순리와 질서속에도 지살은 존재합니다.
인간이나 동물이 노화 과정을 거치면서
각종 질병에 시달리다 죽음에 이르는 과정 역시
지상에 있는 의식이 있는 에너지체들이
오랫동안 지속적으로 작용한 결과이며 이것 역시 지살의 일종입니다.

지살은 자연 재해에 의한 죽음을 포함합니다.
자연 재해를 일으키는 모든 것은 의식을 가진 존재들입니다.
태풍 역시 의식을 가지고 있으며
바람 역시 의식을 가지고 있으며
해일이나 쓰나미 역시 의식을 가지고 있으며
지진 역시 의식을 가진 가이아에 의해 일어나므로
의식을 가지고 있습니다.
땅(지), 물(수), 불(화), 바람(풍)은 모두 의식을 가진 존재들입니다.

의식을 가진 존재들에 의해 생명체가 죽음에 이를 때
이것을 우리 조상들은 지살 또는 자연의 순리
또는 하늘의 뜻이라 생각했습니다.
자연 재해를 일으키는 모든 에너지들은
모두 의식을 가진 존재들입니다.
지상에 있는 의식을 가진 생명체들에 의해
생명이 죽음을 당하게 될 때 지살이라고 합니다.

지살의 범위는 매우 광범위합니다.

지구 행성의 차원상승의 과정에서
지구 행성의 개벽의 상황에서
지구 행성의 지축 이동의 과정에서
새 하늘과 새 땅을 만드는 과정에서
참 많은 죽음들이 준비되어 있습니다.
지상에 있는 의식을 가진 에너지체들에 의해
지상에 있는 의식을 가진 생명체들에 의해
지상에 있는 의식을 가진 에너지들의 작용에 의해
참 많은 지살들이 준비되어 있습니다.

생명이 생명을 빼앗는 세균
생명이 생명을 빼앗는 괴질
생명이 생명을 빼앗는 바이러스
의식을 가진 에너지에 의한 지축 이동
의식을 가진 에너지에 의한 대규모 지진
의식을 가진 에너지에 의한 대규모 화산 폭발
의식을 가진 에너지에 의한 대형 쓰나미
의식을 가진 에너지에 의한 대형 폭풍이나 태풍
의식을 가진 에너지에 의한 자연 재해 등은 모두 지살을 의미합니다.

땅위에 펼쳐져 있는 의식이 있는 생명체와
의식이 있는 에너지에 의해 발생하는 자연 재해에 의해
생명체가 죽는 것을 지살이라고 합니다.

인살에 대한 정리

하늘의 에너지체들의 보이지 않는
에너지 작용에 의한 죽음을 천살이라 합니다.
땅에 있는 의식이 있는 생명체와
땅에 있는 의식이 있는 에너지들의 작용으로 인한
자연 재해에 의한 죽음을 지살이라 합니다.

사람과 사람 사이의 갈등 구조로 인하여
살인이나 자살을 하는 경우가 발생하는데
이것을 인살이라고 합니다.
사회 구조의 모순이나 대립이 발생할 때
사회적 관계망 속에서 소외될 때
자신이 처한 상황을 해결하는 방법으로
자살을 선택하는 경우가 많은데 이것 역시 인살입니다.
분쟁 지역에서 전쟁이나 테러에 의해 죽는 것 역시
인살에 해당됩니다.

사회 구조가 고도화되면서 고독사를 하는 경우와
정의의 광풍으로 인해 피해입은 사람들이 자살하는 경우
산업 구조의 모순 속에서 직업병으로 죽게 되는 경우
교통 사고가 발생하여 죽게 되는 경우 역시
광범위한 인살이라 할 수 있습니다.

극단적 상황속에서 내가 살아남기 위해 타인을 죽이거나
집단과 집단의 갈등 속에서 희생을 당하거나
이해 관계에 있는 집단끼리의 갈등으로 인해
사회적 죽음을 당하는 경우
인재에 해당되는 사건 사고로 인한 죽음 등은
인살에 속합니다.

지구 차원상승 과정에서
척신난동의 과정에서
아마겟돈의 과정에서
사회적 혼란과 혼돈의 과정에서
사회적 갈등 속에서 괴로워하다
사회적 체면 때문에 괴로워하다
종교적 갈등 때문에 괴로워하다
정치적 성향 때문에 괴로워하다
경제적 어려움으로 괴로워하다
사업의 실패로 괴로워하다
재산을 모두 잃고 괴로워하다
많은 사람들이 고통을 잊어버리기 위해
삶을 포기하는 사람들이 넘쳐나게 될 것입니다.

어려운 상황속에서
한치 앞도 보이지 않는 상황속에서
사람과 사람 사이의 갈등을 풀지 못하고
생을 마감하는 모든 죽음을 인살이라 합니다.

인명은 재천입니다.

사람이 죽고 사는 것은 하늘에 있습니다.

천살로 죽든

지살로 죽든

인살로 죽든

모든 죽음 뒤에는 보이지 않는 세계인

하늘에서 먼저 죽음의 결정이 이루어지고 난 뒤

하늘에서 천살과 지살과 인살의 방법까지도 정해진 후

땅에서 그 계획대로 죽음의 과정이

한 치의 오차없이 집행된다는 것입니다.

하늘이 동의하지 않은 죽음은 없으며

자신의 본영이 동의하지 않은 죽음 또한

우주에서는 존재할 수 없습니다.

모든 죽음 뒤에는

하늘의 뜻이 있으며

모든 죽음 뒤에는

하늘의 계획이 있었으며

모든 죽음 뒤에는

하늘의 동의가 있기에

땅에서의 죽음이 일어날 수 있는 것입니다.

천살이든

지살이든

인살이든

우연한 죽음은 없으며
헛된 죽음도 없습니다.
일어날 일이 우연을 가장하여
일어난 일이 그때 그 시각에
일어날 일이 일어난 것 뿐입니다.

인명은 재천이라
하늘은 살릴 사람은 반드시 살릴 것이며
하늘은 죽을 사람은 반드시 데려갈 것입니다.
하늘 스스로 정한 그 길에
하늘의 뜻이 있으며
하늘의 계획이 있으며
하늘의 의지가 있을 뿐입니다.

인명은 재천이라
하늘의 마음을 얻으려 너무 애쓰지 마십시오.
하늘의 마음은 누구에게나 공평하기 때문입니다.
선인도 선인만큼의 하늘의 지분이 있으며
악인도 악인만큼의 하늘의 지분이 있습니다.
하늘은 악인에게도
하늘은 선인에게도
똑같은 하늘의 지분을 주었습니다.
하늘의 마음을 얻으려 너무 애쓰지 마세요.
하늘은 하늘 스스로 정한 그 길을 갈 뿐입니다.

하늘의 마음을 얻으려 너무 애쓰지 마세요.
하늘의 마음은 누구에게나 공평하니까요.
하늘의 마음은 생명체 속에 생명으로
공평무사하게 펼쳐지고 있으니까요.

하늘의 마음을 얻으려 너무 애쓰지 마세요.
하늘은 모든 생명체에게
생명의 호흡이 멈출 때까지
하늘의 지분을 허락하였음을 기억하세요.

하늘의 마음을 얻으려 너무 애쓰지 마세요.
하늘의 마음은 생명의 한 호흡속에 있으니까요.

그렇게 될 것이며
그렇게 예정되어 있으며
그렇게 되었습니다.

하늘이 괴질(바이러스 난)을
준비한 이유

한 행성의 물질문명을 종결짓고
새로운 정신문명을 건설한다는 것은
쉬운 일이 아닙니다.
단순하게 물질문명을 종결짓는 것은
레무리아나 아틀란티스 문명처럼
바닷속으로 침몰시키면 됩니다.
지구 행성의 차원상승의 특징은
지구 행성의 개벽의 특징은
살사람과 죽을 사람을 가려내서
살아남은 사람들을 데리고
새로운 정신문명을 여는 것입니다.
인류의 의식수준에서는 이해할 수도 없으며
생각조차 하기 싫은 영역입니다.

대지진만으로 행성의 문명을 종결지을 수는 없습니다.
대지진과 쓰나미만으로 70억 인류가 펼쳐놓은
문명을 종결지을 수는 없습니다.
하늘이 지구 행성의 물질문명을 위해
괴질(바이러스 난=온열질환)을 준비한 이유는
다음과 같습니다.

첫째 : 인류의 카르마를 해소하는 방법으로

괴질(바이러스 난)이 준비되었습니다.

영혼들이 물질 체험을 하는 동안

공적인 카르마와 사적인 카르마가 발생할 수밖에 없습니다.

행성의 영계에 입식된 모든 영혼들은

행성의 문명이 종결될 때에

행성을 떠나게 될 때에

우주의 법칙상

카르마를 다른 행성으로 가져갈 수 없게 되어 있습니다.

자신이 속해 있던 행성에서

모든 카르마들을 해소하고 가는 것이 우주의 법칙입니다.

이번에 준비된 괴질(바이러스)의 특징은

카르마의 해소를 위한 것이며

영혼백 모두가 극심한 통증을 겪으면서

인류가 한번도 경험하지 못한 통증을 겪으면서

카르마를 해소하기 위한 방편으로 준비된 것이 괴질(바이러스)입니다.

바이러스는 의식을 가진 생명체입니다.

인류의 영혼백의 의식에 접속할 수 있으며

영혼의 프로그램대로

하늘의 프로그램대로

카르마를 해소하고

생명이 생명의 순환주기를 마무리할 것입니다.

영혼백 모두 바이러스로 인해 극심한 고통을 받을 것이며

자신의 머리를 모두 뽑아버릴 정도로 극심한 고통을 느낄 것입니다.

영혼백 모두 극심한 고통을 3일 정도 겪으면서
지구 행성에서 쌓았던 자신의 카르마들을 모두 해소하고
육신의 옷을 벗고 떠나게 될 것입니다.

역장 밖에서는 바이러스 난을 통과하면서
약 8% 정도만이 자연 치유될 것입니다.
재난을 피해 들어온 안전지대인 역장 안에서는
바이러스 난의 강도가 약해지지만
50% 정도의 치사율로 많은 인류가 목숨을 잃게 될 것입니다.

둘째 : 새로운 정신문명을 건설하기 위해선
기존의 물질문명이 붕괴되고 난 뒤에야 가능한 것입니다.
인류가 상식이라고 믿고 있으며
인류가 과학이라고 믿고 있으며
눈에 보이는 것만을 믿고 있으며
현미경에 보이는 것만을 믿고 있는 인류에게
보이지 않는 세계가 있다는 것을 알려주기 위해
지구 행성에 설치된 의료 매트릭스를
모두 붕괴시키기 위해 바이러스 난이 준비되었습니다.

인류가 겪고 있는 독감(감기) 바이러스는
5차원에 해당되는 의식을 가지고 있는 생명체입니다.
그동안 하늘은 인류의 의료기술의 발전을 위해
인류의 면역력을 높이기 위해
바이러스의 강도를 조절해 가며

인류의 의식의 눈높이를 고려하면서
인류의 과학기술을 고려하면서
다양한 바이러스들을 이용하여 왔습니다.

지구 차원상승 과정에서 준비된 바이러스는
7차원의 우주 공학기술로 창조된 높은 의식을 가진 생명체입니다.
9차원의 기술 또한 일부 장착되었습니다.
인간의 과학기술과 인류의 의료기술로는 상대할 수 없도록
프로그램된 의식을 가진 생명체가 바이러스 난의 실체입니다.
모든 의료 매트릭스들이 붕괴될 것이며
아무것도 남아있지 않을 것입니다.

새로운 정신문명을 건설하는데
항생제와 진통제를 가지고 갈 수는 없습니다.
새 술은 새 부대에 담아야 하듯
새로운 의료 매트릭스의 설치를 위해
하늘에서 바이러스(괴질)를 준비하였습니다.

셋째 : 지구 행성의 현재의 물질문명은
혈연관계를 중심으로 하여
가족관계를 중심으로 하여
모든 것이 형성되어 있습니다.
새로운 정신문명은 혈연관계가 아닌
에너지의 순수성을 중심으로 하는
12지파별로 생활하는 공동체 문화가 될 것입니다.

혈연관계로 묶여있는 가족에 대한 가치들을
모두 붕괴시키기 위해 바이러스 난이 준비되었습니다.
이번에 준비된 바이러스(괴질)는
인류가 개발한 항생제로는 치료할 수 없도록 준비되어 있습니다.
인류의 과학기술이 개발하고 있는 항생제는
4세대가 개발되었으며 5세대가 연구 중에 있습니다.
이번에 하늘이 준비한 바이러스는 8세대에 해당됩니다.
감염성이 매우 높으며
치사율이 90%에 해당됩니다.

자식이 죽어가며 고통을 호소하며 절규할 때
부모들은 감염이 두려워 자식을 외면하게 될 것입니다.
부모가 죽어가며 고통을 호소하며 절규할 때
자식들은 감염이 두려워 부모를 외면하게 될 것입니다.
의사들은 감염이 두려워 환자들의 치료를 거부하게 될 것입니다.
입으로 사랑을 외치고
입으로는 사랑의 위대함을 말하던
종교인들과 낭만적인 영성인들은
두려움에 떨 것이며 아무도 나서지 못할 것입니다.
아무것도 하지 못한 채 죽어갈 것입니다.

인류들은 바이러스 난을 통하여
사랑의 본질에 대해 배우게 될 것입니다.
가족 중심과 혈연 중심의 공동체가 가지고 있는 한계들을
온몸으로 체험하게 될 것입니다.

역장 안에서 차크라가 열린 빛의 일꾼들의
경락 차크라 치유를 통해
많은 인류들이 생사의 길목에서 살아남게 될 것입니다.
빛의 일꾼들의 모습을 보며
많은 인류들이 사랑의 본질을 배우게 될 것입니다.

넷째 : 인류를 배려하는 하늘의 뜻이 담겨져 있습니다.
자연재해로 장애인이 되거나 심각한 부상을 입은 채
외부의 도움없이 두려움과 고통속에서 굶어 죽어가는 것보다
바이러스 난으로 5일 정도 고통을 받다가 죽는 것이
인류의 고통을 줄여주는 것이기 때문입니다.
지구 행성을 떠나기로 한 사람들 모두를
재난이나 사회적 혼란 속에서 폭동이 일어나고
무정부 상태에서 인권이 유린당한 채 죽는 것보다
바이러스 난을 통해
세계 인구의 절반을 죽게 하는 것이
하늘이 주는 인류에 대한 배려입니다.

바이러스 난으로 역장 밖에서
세계 인구의 50%가 죽고 나면
그 많은 시체들의 처리 문제가 발생합니다.
지축 이동 4차나 5차 때에 대륙의 침몰이나 융기가 일어나면서
대형 싱크홀이 발생하게 됩니다.
산천초목의 경계가 새로 생기게 되면서
시신들은 따로 치우지 않아도 될 것입니다.

다섯째 : 보이지 않는 하늘이 존재한다는 것을

인류가 알아차리고 눈채챌 수 있도록 하기 위해서입니다.

의료 시스템이 붕괴된 시점에서

빛의 일꾼들이 하늘로부터 부여받은

영적 능력을 바탕으로

바이러스에 걸린 인류들을 도울 것입니다.

많은 생명들을 구하게 될 것입니다.

이 경험들을 바탕으로 인류들은

보이지 않는 하늘의 실체를 알게 될 것이며

온몸으로 체험하게 될 것입니다.

이 경험들을 바탕으로 인류들은

새로운 의학 패러다임을 자연스럽게 받아들일 것입니다.

그렇게 될 것이며

그렇게 예정되어 있으며

그렇게 되었습니다.

아이들에게 영적 능력이 주어지는 이유

기도를 하지 않아도
영적인 능력을 가진 아이들이 있습니다.
수행을 하지 않아도
영적인 능력이 하늘로부터
아이들에게 주어지는 경우가 있습니다.

신을 찾기 위해
신을 만나 도통과 신통을 얻어
세상을 이롭게 하겠다고
수십 년을 종교에 헌신한 부모에게는
영적인 능력이 주어지지 않습니다.
열살 미만의 아이들이
중고등학생인 아이들이
어느 날 갑자기
하늘이 들려주는 소리를 듣고
하늘이 보여주는 형상을 보게 되는 경우가
점점 더 많아질 것입니다.

아이들에게 주어지는 영적 능력의 수준에 따라
성령이 임했다고 기뻐하는 부모들이 있을 것이며
귀신이 들렸다고 슬퍼하는 가족이 있을 것입니다.

아이들에게 주어지는 영적 능력의 수준에 따라
아이가 이상하다고 아이가 이상해졌다고
걱정하는 부모들이 늘어나게 될 것입니다.

아이가 천사의 말을 하고
아이가 조상의 이야기를 하고
아이가 부모에게 호통을 치게 될 것입니다.
아이가 부모를 가르치려 하고
아이가 전달하는 이야기의 수준이
부모가 한번도 경험하지 못한
이상한 이야기를 하게 될 것입니다.

아이가 화려한 형상을 보게 될 것입니다.
마치 TV화면을 보듯
하늘의 소식을 전하게 될 것입니다.
아이가 들려주는 우주의 이야기를 듣게 되는
가족들도 생겨나게 될 것입니다.
부모와 가족들이 지구인이 아니라고
외계 행성에서 왔다고
외계 행성으로 돌아가야 한다고
이상한 말을 하는 아이들이 나타날 것입니다.

미래를 예언하는 아이들도 생겨나게 될 것입니다.
지진이나 쓰나미가 밀려오는 형상을 보고
너무 무섭다고 우는 아이들이 생겨날 것입니다.

건물이 무너지고 사람들이 죽는 모습을 보고
이사를 가야 한다고
피난을 가야 한다고
재난을 준비하라고
뜬금없는 이야기를 하는 아이들도 생겨나게 될 것입니다.

마지막 때에 다가갈수록
사회의 혼란과 혼돈의 아마겟돈이 진행될수록
척신난동의 때가 다가올수록
대지진이나 대재난이 다가올수록
내면의 소리를 듣고 화려한 형상을 보고
자신이 보고 들은 것을 말하는 아이들이 점점 더 많아질 것입니다.

보이지 않는 세계에 대해 아무것도 모르는 아이가
신에 대해서도 하늘에 대해서도 아무것도 모르는 아이가
하늘의 이야기를 할 것이며
하늘의 소식을 전하게 될 것입니다.

아이들을 통하여
아무것도 모르는 아이들을 통하여
하늘은 인류의 의식의 눈높이에서
하늘은 당신의 의식의 눈높이에서
하늘의 일을 하고 있는 것입니다.
지금 무슨 일이 일어나고 있는지도 모르는
부모들의 의식을 깨우기 위하여

앞으로 어떤 일이 일어날지 아무것도 모르고 살아가고 있는
부모들의 의식의 전환을 위하여
아이들을 통해
보이지 않는 세계가 있다는 것을
보이지 않는 하늘이 있음을 전하고 있는 것입니다.

아무것도 모르는 아이를 통해
철이 없어 자신이 본 대로 들은 대로 말할 수밖에 없는
아이들을 통해
부모들의 의식을 깨우기 위해
이렇게라도 해서 하늘이 있음을 알 수 있게 하기 위함입니다.
아무것도 모르는 아이들을 통해
당신이 가장 사랑하는 아이를 통해
이렇게라도 해서 눈에 보이지 않는 세계가 있다는 것을
하늘이 있다는 것을
부모들이 알아채고 눈치채게 하기 위해
아이에게 이런 일이 일어나고 있는 것입니다.

아이의 말을 통해
부모의 의식은 전환되기 시작할 것입니다.
아이의 말을 통해
부모들의 의식은 점차 깨어나게 될 것입니다.
아이의 말을 통해
마지막 때에 당신의 의식은 깨어나기로 예정되어 있기에
일어나기로 예정된 일이

우연을 가장하여 어느 날 갑자기
당신의 가족에게 일어나고 있는 것입니다.

한 치 앞도 보이지 않는 상황속에서
누구를 믿어야 할지 모르는 상황속에서
무엇이 진실인지 알 수 없는 상황속에서
무엇을 해야 할지 아무것도 모르는 상황속에서
어디로 가야 할지 아무것도 모르는 상황속에서
아이가 하는 소리를 듣고
아이가 하는 말을 믿고
어쩔 수 없이 말을 듣는 부모들이 있을 것입니다.

살사람은 반드시 살려야 하기에
살사람을 하늘이 살리기 위해
그 누구의 말도 믿을 수 없는 상황속에서
내 아이가 들려주는 하늘의 소식은
가뭄에 단비가 되어줄 것이며
부모와 가족들의 의식을 깨우는
하늘의 소리가 되어줄 것입니다.

하늘의 치밀한 계획속에
아이들을 통한
하늘의 정교한 프로그램이
하늘이 일하는 방식에 의해 펼쳐질 것입니다.

하늘님의 침묵에 화가 난 사람들에게

작은 티끌 속에는
우주의 시방세계가 들어 있습니다.
작은 티끌 속에는
생명의 진리가 들어 있습니다.

작은 티끌 속에는
영혼의 신성함이 담겨 있습니다.
작은 티끌 속에 담긴
영혼의 신성함을 님이라 합니다.
작은 티끌 속에 담긴
영혼의 신성함을 하늘님이라 합니다.

님은 늘 침묵 속에 있습니다.
하늘님은 늘 침묵 속에 있습니다.

님은 침묵 속에서
바람이 전하는 소리를 통해
우주의 소식을 알아들을 수 있습니다.
님은 바람이 전하는 소식을 통해
하늘의 소식을 알 수 있습니다.

님은 침묵 속에서
자신의 신성함을 드러냅니다.
님은 변화를 통해
자신의 신성함을 드러냅니다.
님은 색을 통해서
자신의 신성함을 드러냅니다.

님의 침묵의 소리를 들을 수 있는 사람은
신의 소리를 들을 수 있는 사람입니다.
하늘님의 침묵의 소리를 들을 수 있는 사람은
하늘의 이치를 아는 사람입니다.

하늘의 소리는 바람의 소리입니다.
바람의 소리는 영혼의 속삭임입니다.
하늘님의 소리는 바람의 소리입니다.

의식이 깨어난 사람에게는
세상에 님이 아닌 것은 아무것도 없습니다.
의식이 깨어나지 않은 사람에게
님은 침묵 속에서 말할 수밖에 없으며
신은 침묵 속에서 말할 수밖에 없습니다.

의식이 깨어난 사람들은
만물속에 깃든 영혼의 소리인
님의 소리를 마음의 귀로 들을 수 있습니다.

의식이 깨어나지 못한 사람들에게
님의 소리와 하늘님의 소리는
말없는 말속에 자신을 드러낼 수밖에 없습니다.

의식이 깨어난 사람들은
내 안에 있는 하늘님의 소리를
서정적 자아의 목소리를 통해 들을 수 있습니다.
의식이 깨어나지 못한 사람들은
님의 소리와 하늘님의 소리를 듣기 위해
외부의 소리를 듣기 위해
한 조각의 정보를 얻기 위해
밖으로만 향하게 될 것입니다.

님의 소리는 영혼의 소리입니다.
하늘님의 소리는 바람의 소리입니다.
당신 안에 있는 하늘님을 당신이 깨운다면
하늘님의 소리는
당신의 서정적 자아의 목소리를 통해서 들려올 것입니다.

신은 당신의 의식이 깨어나기 전에는 침묵할 수밖에 없습니다.
하늘님은 당신의 의식이 깨어나기 전에는
자연의 변화속에서 자신을 드러내 놓고 웃고 있을 뿐입니다.

당신의 의식이 깨어나기 전에는
님의 침묵은 깊어질 것입니다.

당신의 의식이 깨어나기 전에는
신의 침묵은 깊어만 갈 것입니다.
당신의 의식이 깨어나기 전에는
하늘의 침묵은 끝나지 않을 것입니다.

님의 침묵에
신의 침묵에
하늘의 침묵에
화가 나고 절망한 사람들이
하늘을 찾기 위해 울부짖고 있습니다.

님의 침묵이 오래되었습니다.
신의 침묵이 너무 오래되었습니다.
하늘님의 침묵은 너무 오래되었습니다.

당신 안에
잠자는 하늘님을 깨우시기 바랍니다.
당신 안에
잠자고 있는 당신의 하늘을 깨우시기 바랍니다.

당신 안에 잠들어 있는
하늘님과 이제는 조율을 시작할 때입니다.
지금이 바로 그때입니다.
당신의 영혼과 하늘 사이의 태고적 약속이 실현되는
그때의 신성한 시간이 시작되었음을 전합니다.

당신 안에 잠들어 있는 하늘님을 깨울 수 있는
당신의 영혼과 하늘 사이의 약속이 집행되는
신성한 조율의 시간이 되었음을 전합니다.

그때가 시작되었음을 전합니다.
조율의 때가 시작되었음을 전합니다.

신의 침묵에 하늘의 침묵에
기다림에 지쳐
인류는 하늘을 잃어버렸습니다.
신의 침묵에 하늘의 침묵에
기다림에 지쳐
인류가 믿고 있는 하늘은 심각하게 오염되었습니다.

신의 침묵에 하늘의 침묵에
지치고 지쳐 있는
하늘을 가슴속에 모시고 살아온 당신에게
하늘을 가슴속에 품고 살고 있는 당신에게
하늘과 당신의 만남의 때가 시작되었음을 전합니다.

님의 침묵에
신의 침묵에
하늘의 침묵에
화가 나 있는 당신에게
이 글을 우데카 팀장이 전합니다.

하늘은 천둥과 번개로 일합니다

지금까지 인류의 삶은
하늘을 잃어버리고 살아도
살아가는데 아무런 불편함없이 살아왔습니다.
진리를 몰라도
진리를 찾지 않아도
진리가 없어도
살아가는데 아무런 문제가 없습니다.

종교의 시대에 살고 있는 인류는
종교의 틀 속에서 하늘을 이해하였습니다.
종교의 매트릭스 속에서 하늘의 진리는
경전의 틀 속에서 이해되고
경전의 틀 속에 갇혀 버렸습니다.
종교의 경전에 나와있는 하늘을
진짜 하늘로 알고 살아왔으며
진짜로 그렇게 믿고 있습니다.

물질의 시대에는
진리를 몰라도
진리가 없어도
사는데 아무런 문제가 없었습니다.

물질의 시대에는
진리보다는 빵이 더 필요하기 때문입니다.
물질의 시대에는 멀리 있는 하늘보다는
가까이 있는 물질의 풍요가 더 중요한 법입니다.
물질의 시대에는
보이지 않는 하늘보다는
눈에 보이는 것이 더 중요하기 때문입니다.

당신은 지금 진리가 필요하십니까?
아니면 빵이 더 필요하십니까?
당신에게 지금 진리가 필요하십니까?
아니면 돈이 더 필요하십니까?
물질의 시대에 진리는 불편한 것입니다.
물질의 시대는 정의의 시대입니다.
진리보다는 분배와 정의가 더 중요한 시대입니다.
지금은 물질문명의 정점에 와 있습니다.
지금 우리는 정의의 시대의 정점에 있습니다.

눈에 보이는 것만을 믿는 인류의 가슴에서
하늘은 잊혀졌으며
하늘은 오염되었습니다.
물질의 시대에서
진리는 물질의 풍요속으로 사라졌으며
진리는 오염되었습니다.
진리는 오독(미스 리딩)되었습니다.

종교의 시대에서
하늘의 진리는 감추어졌으며
하늘의 진리는 인류 의식의 눈높이로 추락해 버렸습니다.

지구의 차원상승을 앞두고
지축 이동을 앞두고
새로운 개벽을 앞두고
새 하늘과 새 땅을 앞두고
새로운 정신문명을 앞둔 인류들은
가슴속에서
마음속에서 잃어버린 하늘을 찾기 위해
혹독한 고통과 아픔을 겪게 될 것입니다.

인류의 가슴속에서
잃어버린 하늘을 되찾는 과정은
너무나 가혹할 것입니다.
잃어버린 하늘을 되찾는 과정은
지구 행성의 차원상승 과정에서
인류의 고통이며
땅의 고통이 될 것입니다.
하늘도 울고 땅도 함께 울 것입니다.

인류 의식의 눈높이로만 하늘을 판단하지 마십시오.
인류 역사의 경험만으로
대우주의 역사를 판단하지 마십시오.

인류의 과학기술과 학문으로
우주의 법칙을 함부로 판단하지 마십시오.
당신의 믿음과 신념만으로
대우주의 진리를 함부로 판단하지 마십시오.
당신에게 주어진 정의의 방식으로
옳고 그름의 방식으로
하늘이 일하는 방식을 판단하지 마십시오.

하늘이 울고 땅이 울 것입니다.
경천동지할 자연의 대변화 앞에
인류가 쌓아놓은 물질문명은
종잇장처럼 구겨질 것이며 폐허가 될 것입니다.
함부로 하늘을 판단하지 마십시오.
함부로 하늘을 비난하지 마십시오.
함부로 하늘을 안다고 말하지 마십시오.

하늘은 인간의 눈높이에서 일하지 않습니다.
하늘은 인간의 기도를 들어주기 위해
하늘은 인간에게 복을 주기 위해 존재하지 않습니다.
하늘은 오직 하늘 스스로 정한 길을
하늘 스스로 갈 뿐입니다.

모든 것이 무너져 내릴 것입니다.
지구 행성에 설치되었던 매트릭스들이
하늘에 의해 철거될 것입니다.

마지막 때에는 당연하게 작동하던
과학적 상식들과 진실들이
더 이상 정상적으로 작동되지 않을 것입니다.
지구 행성에 설치되었던 물질 매트릭스들이
기존의 방식으로 작동되지 않을 것이기 때문입니다.

인간은 하늘 무서운 줄 알게 될 것이며
인간은 하늘의 냉정함을 경험하게 될 것입니다.
인간은 하늘의 법이 얼마나 준엄한지
온몸으로 체험하게 될 것입니다.

물질의 시대에
더 많은 물질을 얻기 위해 삶을 살아왔습니다.
인류는 물질이 주는 풍요로움에 취해
뼛속까지 물질화되었습니다.
하늘을 잃어버리고
진리를 잊어버리고
사랑을 잃어버렸습니다.
더 많은 재미와 더 강한 쾌락을 찾았던 인류들은
모든 것을 잃고 알몸으로 격변속에 내던져질 것입니다.
인류의 의식 수준에서 생각하고 판단하고 결정했던 모든 것들이
무너져 내리는 빌딩들과 함께
모두 무너져 내릴 것이며
살아있는 모든 것들은
땅에 묻힐 것입니다.

인류는

인류가 한번도 경험하지 못한 자연재해를 겪으면서

물질문명은 속수무책으로 무너져 내릴 것입니다.

무너져 내리는 산과

밀려오는 해일과

갈라지고 꺼지는 땅속으로

흔들리는 땅과 함께

생명들은 쓰러져 갈 것입니다.

괴질과 바이러스 난으로 인하여

가족의 시체를 밟으며 피난길에 오를 것입니다.

사람의 시체를 밟고 또 밟고

동료의 시체를 넘고 또 넘어서

피난의 길과 고난의 길을 가게 될 것입니다.

생명이 생명을 빼앗아 가게 될 것입니다.

재난을 겪으면서

수많은 죽음을 지켜보면서

속수무책 무너지는 물질문명을 보면서

인류는 하늘의 맨얼굴을 보게 될 것입니다.

인류의 의식의 눈높이에서 펼쳐졌던

모든 논리들이 무의미하게 될 것이며

모든 논쟁들이 사라지게 될 것입니다.

이 모든 것을 겪은 후에야

인류는 가슴속에서 잃어버린 하늘을 찾게 될 것입니다.

하늘 무서운 줄 알게 될 것이며
보이지 않는 하늘을 보이는 하늘로 보게 될 것입니다.

하늘이 땅에 내려올 것이며
땅이 하늘로 올라갈 것입니다.
하늘의 뜻이 땅에서 온전하게 펼쳐질 것입니다.
하늘이 땅에 내려와
땅에서 하늘의 뜻을 직접 펼치게 될 것입니다.
하늘에서의 모든 준비가 끝나는 대로
하늘의 뜻이 땅에서 펼쳐질 것입니다.
무너져 내리는 건물과 몰려오고 있는 쓰나미가 있을 것이며
괴질과 바이러스 난이 시작될 것입니다.
지축 이동을 마지막으로
지구 행성의 물질문명은 종결될 것입니다.

모든 것은 한 치의 오차없이
하늘의 뜻이 땅에서 펼쳐질 것입니다.
지구 행성의 물질문명의 발전 속도를
정신문화가 뒤쫓아가지 못하였습니다.
재난의 한가운데에서 여성들의 수난과 고통이 있을 것입니다.
남성들이 더 많이 육신의 옷을 벗고 떠나게 될 것입니다.
젊은이들의 비명이 하늘을 울릴 것입니다.
폐허가 된 땅에서
여성들이 먼저 하늘과 공명할 것이며
여성들의 의식이 먼저 깨어나게 될 것입니다.

이 모든 것은
인류의 마음속에서
인류의 가슴속에서
잃어버린 하늘을 되찾아 주기 위한
하늘의 뜻과 의지가 땅에서 펼쳐지는 것입니다.
하늘 무서운 줄 알면서
보이지 않는 하늘이 있다는 것을 의식하면서
인류의 가슴속에서 사랑이 피어날 것입니다.
잃어버린 신성이 깨어날 것입니다.

하늘의 준비가 끝나는 대로
하늘 스스로 정한 그 길을 가슴을 닫고 갈 것입니다.
하늘은 멈추지 않을 것이며
하늘은 당신의 의식이 깨어날 때까지
하늘은 당신의 내면에 있는
신성의 불꽃이 피어오를 때까지
하늘은 맨얼굴을 드러낼 것입니다.

하늘은 천둥과 번개로 말할 것입니다.
하늘 무서운 줄 알게 될 것입니다.
보이지 않는 하늘이 있다는 것을 누구나 알게 될 것입니다.
하늘은 천둥과 번개로 일할 것입니다.

그때가 되면 하늘은 천둥과 번개로 말할 것입니다.

하늘 문을 달아라 (죽망지축 때에)

인자들아 인자들아
하늘 말 좀 들어보소
하늘 말 좀 들어보소
굽이 굽이 돌고 돌아 하늘 사람 찾았더냐

하늘 인연 따라서 굽이 굽이 돌았건만
하늘 사람 찾고 보니
하늘 사람 찾고 보니
부모 형제 멸시하고
부모 자식 멸시하네

하늘이 있으니 하늘이 있으니
슬퍼 마라 슬퍼 마라
슬퍼 마라 인자들아
하늘이 때가 되었으니
하늘 때가 되었으니
서러워도 서러워도 인내하며 살지니라

인자들아 인자들아

제세경륜(濟世經綸)
세상을 구제할 만한
역량과 포부

제세경륜* 되었나니

제세경륜 되었나니

하늘 뜻을 펼치거라

인간 속성 좋을 때만

좋을 때만 부모 형제

좋을 때만 부모 자식

살려고 살려고 신발 벗고 뛰어보니

어허~ 통제라

내 부모들 어디 가고

내 형제가 어디 갔뇨

제세경륜 되었나니

제세경륜 되었나니

제세경륜 되었나니

천장지구(天長地久)
하늘과 땅은 영원함

하늘 뜻을 펼치거라

천장지구* 천장지구 천장지구 천장지구

천장지구 천장지구 천장지구 천장지구

하늘도 땅들도 영원토록 변함없다
영원토록 변함이 없을 줄 알았더니
나도 지옥 문앞에 서고 보니
지옥 문앞에 서고 보니
나도 하늘에게 빌고 또 빌었었네
빌고 또 빌었었네 어허~
나 좀 구해주오 나 좀 구해주오

인자들아 듣거라 인자들아 듣거라
하늘 문 닫거라 하늘 문 닫거라
하늘 문 닫아라 하늘 문 닫아라
중생들아 중생들아
청약불문※이었으니 청약불문이었으니
하늘 뜻 펼치는 이 인자들
하늘 말 듣거라 하늘 말 듣거라
들은 체도 아니하던 저 불쌍한 중생들아
하늘 문 닫거라 하늘 문 닫거라

존망지추※ 보이느냐
존망지추 앞에서 인자들은 말하리라

청약불문(聽若不聞)
듣고도 못 들은 체함

존망지추(存亡之秋)
존재하느냐 멸망하느냐의
절박한 때

왜 나였던가 왜 나였던고
이 가슴 뜯어주오 이 가슴 뜯어주오
존망지추 되는 날에 인자들은 말하리라

왜 나로 하여 보게 하였느냐
하늘사람 따라와서
이 존망지추 보려고 왔더냐
하늘이 말한다
하늘 문 닫거라 하늘 문 닫거라
들을 자들 다 들었고
볼 자들 다 보았다

존망지추 존망지추
그 환란 앞에 서면
인자들아 인자들아
하늘 문을 닫거라 하늘 문을 닫거라
청약불문 하던 자들
청약불문 하던 자들
들은 체도 아니했네 들은 체도 아니했네

인자들아 슬퍼 마라

하늘이 있으니

설운지고 설운지고 (서룬지고 서룬지고)

떠도는 이 내 인생

인자들아 슬퍼 마라

인자들아 슬퍼 마라

하늘이 있음이니

환란 날에 환란 날에

청약불문 하던 자들

지옥이 어디메뇨

지옥이 어디메뇨

청약불문 하던 자들

청약불문 하던 자들

하늘이~ 인자들아 인자들아

하늘 말 듣거라 하늘 말 듣거라

존망지추 되는 날에

존망지추 되는 날에

인자들아 인자들아

하늘 문 닫거라 하늘 문 닫거라

바람의 소리를 전합니다 IV
(바람의 정신분석)

세상에 꼭 해야 하는 건 없습니다.
내가 그것을 해야 한다고 생각하는 의식이 있을 뿐입니다.
세상에 당연한 것은 없습니다.
내가 그래야 한다고 생각하는 의식이
거기에 머물고 있을 뿐입니다.
당신이 반드시 해야 하는 것은 없습니다.
그곳에는 당신이 그것을 그렇게 해야 한다고 믿고 있으며
그렇게 믿고 싶어하는 마음이 있을 뿐입니다.

삶은 매 순간 선택이고
삶은 매 순간 완성이고
삶은 매 순간 시작입니다.
내가 옳다고 믿는 것도 진짜 그것이 옳은 것도 아닙니다.
내가 그렇게 옳다고 믿고 싶어하는 의식에
머물고 있기 때문입니다.

삶은 매 순간 축복입니다.
삶은 매 순간 축제입니다.
삶은 매 순간 기쁨입니다.

내가 틀렸다고 생각하는 것 역시
언제나 틀린 것도 아닙니다.
내가 그렇게 믿고 있었으며
내가 그렇게 외면하고 싶어하는 마음에서
한발짝도 움직이지 못하고 있기 때문입니다.

세상에 당신이 그렇게 찾는 신은 없습니다.
세상에는 당신의 의식 수준에 맞는 신이 있을 뿐입니다.
세상에 당신이 찾고 있는 진리는 없습니다.
세상에는 당신의 의식 수준에 맞는 진리가
당신을 기다리고 있을 뿐입니다.

삶은 매 순간 선택입니다.
삶은 매 순간 완성입니다.
삶은 매 순간 새로운 시작입니다.
이 우주에 당신이 찾는 신은 없습니다.
당신이 진정으로 신을 찾기를 원한다면
당신의 의식은 깨어나야 하며
당신의 의식은 지금보다 확장되어야 합니다.

삶은 매 순간 영혼에겐 축복입니다.
삶은 매 순간 영혼에겐 축제입니다.
삶은 매 순간 영혼에겐 기쁨입니다.

이 우주에 당신이 찾는 진리는 없습니다.
당신이 진실로 진리를 찾는 사람이라면
내가 그렇게 믿고 싶은 진리가 아니라
내가 그렇게 생각하는 진리가 아니라
눈에 보이는 것만이 진실이 아닌
눈에 보이지는 않지만
하늘이 당신의 마음에 새겨 놓은
하늘의 마음을 먼저 기억하고
하늘이 당신의 마음에 새겨 놓은
하늘의 마음을 먼저 찾으시기 바랍니다.

바람이 불고 있습니다.
하늘을 떠날 때
하늘 사람에게 심어 놓은
하늘의 마음을 깨우기 위한
바람이 불고 있습니다.

바람은 희망입니다.
바람은 변화의 다른 이름입니다.

바람은 생명의 숨결입니다.
바람은 진리의 이름입니다.
바람은 신의 이름입니다.
바람이 불고 있습니다.
당신의 의식을 깨우기 위한
하늘의 황금나팔 소리가
바람과 함께 불고 있습니다.

아무것도 잘못되는 것은 없습니다.
모든 것이 인연따라 오고 인연따라 가는 것입니다.
시절인연의 법칙속에
이 글을 읽고 있는 나와 당신은
같은 시대를 살며
같은 곳을 보며
같은 것을 보며
같이 호흡하고
같이 느끼고 살아가고 있기에
당신과 나는 하나로 연결되어 있습니다.

삶은 매 순간 선택이고
삶은 매 순간 완성이고
삶은 매 순간 시작입니다.

세상에 당신이 찾는 진리는 없습니다.
진리는 찾는 것이 아니라
내가 진리라고 의미를 부여하는 것이니까요.

세상에 당신이 찾는
당신에게 꼭 맞는 신은 없습니다.
신은 당신이 찾지 않아도
늘 당신 곁에 머물며
당신의 영혼의 고단함과
늘 함께하고 있기 때문입니다.
신은 찾는 것이 아니라
신은 늘 나와 함께하고 있음을
느끼고 공명하면 되는 것입니다.

삶은 매 순간 축복이며
삶은 매 순간 축제이며
삶은 매 순간 기쁨입니다.

세상에서 잘못되는 것은 아무것도 없습니다.
이 우주에서 잘못되는 것은 아무것도 없습니다.
그렇게 생각하는 당신의 마음이
거기에 머물고 있을 뿐입니다.

신은 바람과 함께 하고 있으며
진리는 바람과 함께
당신의 뺨을 스치고 있음을 봅니다.
당신의 의식을 깨울
큰 바람이 불어오고 있음을 전합니다.

인류의 건승을 빕니다.

2019년 6월
우데카

하늘의 마음

2020년 1월 20일 초판 1쇄 인쇄
2020년 1월 29일 초판 1쇄 펴냄

지은이 | 우데카
펴낸이 | 가이아

펴낸곳 | 빛의 생명나무
등 록 | 2015년 8월 11일 제 2015-000028호
주 소 | 충북 청주시 청원구 직지대로 855 2층
전 화 | 043-223-7321
팩 스 | 043-223-7771

ISBN 979-11-89980-04-7 03200
• 잘못된 책은 바꾸어 드립니다.   • 책값은 뒤표지에 있습니다.